Gudrun Niemeyer

Ruhrpott-Töchter

Eine Ruhrpott-Liebe

Copyright: © 2019 Gudrun Niemeyer
Lektorat: Erik Kinting – www.buchlektorat.net
Umschlaggestaltung & Satz: Erik Kinting
Titelbild: © Lea (fotolia.com)

Verlag und Druck:
tredition GmbH
Halenreie 40-44
22359 Hamburg

978-3-7482-8409-3 (Paperback)
978-3-7482-8410-9 (Hardcover)
978-3-7482-8411-6 (e-Book)

Bibliografische Information der Deutschen Nationalbibliothek:
Die Deutsche Nationalbibliothek verzeichnet diese Publikation in
der Deutschen Nationalbibliografie; detaillierte bibliografische Da-
ten sind im Internet über http://dnb.d-nb.de abrufbar.

Geschrieben für alle Dortmunderinnen und Ruhrpott-Töchter – und auch alle anderen Töchtern.

Hier sind die wahren Liebes- und Lebensgeschichten von Alma, die aus dem kleinen Paradies floh und nicht wusste, wer oder was Castrop-Rauxel war. Der ein Säugling durchs Küchenfenster gereicht wurde, die das größte Inferno mit Hut und Kittelschürze bekämpfte und die stets gemächlichen Schrittes durchs Leben marschierte.

Und von Marga, die als Kind im *Feen-Café Winuwuk* im Harz verwöhnt wurde und die Jahrzehnte später dort wieder landete. Dazwischen jagte sie ihrer vermeintlich großen Liebe hinterher, wurde ein *Blitzmädchen*, dessen Träume zerplatzten und dessen Herz in Dortmund blieb.

Alma und Marga bewältigten alle Probleme, die ihnen Wirtschaftschaos und Kriegsinferno bescherten, kämpfend und mit Optimismus. Dortmund war und blieb in ihren Erinnerungen grün, lebens- und liebenswert.

Für Marga, von Gudrun

Als meine Mutter Alma ihr erstes Kind bekam – meine ein Jahr ältere Schwester Maria – war sie gerade mal 18 und nicht verheiratet. Und das im Jahre 1912! Die Hebamme sagte zu ihr: »Fräulein Hüther, wenn Sie nächstes Jahr wieder hier ins Gebärhaus nach Dortmund kommen, hoffe ich, dass Sie verheiratet sind!« Die Hebamme war sich absolut sicher, meine Mutter in einem Jahr wiederzusehen.

Meine Mutter hatte allerdings nicht die Absicht, im nächsten Jahr wieder dort zu landen. Warum hatte ihr vorher niemand gesagt, was für unmenschliche Schmerzen bei der Geburt des Kindes auszuhalten waren? Bei ihrer Mutter hatte sie als ältestes Kind die Geburten aller acht Geschwister mehr oder weniger persönlich mitbekommen. Es war ihr nicht in Erinnerung, dass ihre Mutter dabei ein großes Geschrei gemacht hatte.

Sie selbst kreischte nun lauthals im Dortmunder Gebärhaus nach ihrer Mutter, deshalb hatte sie auch keine große Freude an dem kleinen Mädchen. Das sollte sich ein Leben lang nicht ändern. Zu allem Übel war das Kind weder hübsch noch niedlich. Es sah aus wie ein greiser Zwerg. Es kam meiner Mutter nicht ungelegen, als die Hebamme sie fragte, ob sie noch ein anderes, fremdes Kind stillen wolle. Das fremde Kind würde sonst verhungern. Die Eltern dieses Kindes würden gut bezahlen. Mein Vater hatte ebenfalls nichts dagegen, kam doch so etwas mehr Geld in die Haushaltskasse.

Meine Schwester Maria wurde deshalb nach ihrer Geburt zur Großmutter nach Nordhausen gebracht, unter dem Vorwand, bei der Gelegenheit die Papiere für eine bevorstehende Heirat abzuholen. So ganz wohl war meiner Mutter bei dem Gedanken nicht, den Säugling in Nordhausen zu lassen. Die Lebenserwartung der eigenen Geschwister war nicht sehr hoch gewesen – sie starben alle in frühester Jugend an Tuberkulose, der unheilbaren Seuche seinerzeit. Aber meine Schwester hat sich tapfer gehalten und hat den Aufenthalt in Nordhausen überlebt.

Unsere Großeltern hatten ein Ausflugslokal in Nordhausen. Das *Kleine Paradies* stand am Ortsausgang auf dem Weg nach Stolberg. Von ihren neun Kindern blieben nur zwei Mädchen am Leben: meine Mutter Alma als Älteste und ihre zehn Jahre jüngere Schwester Maria, nach der nun auch meine ältere Schwester benannt wurde.

Im Jahr darauf fand sich meine Mutter tatsächlich wieder in der Gebäranstalt in Dortmund ein, weil ich nun geboren werden sollte.

»Na, wie heißen wir denn nun?«

Meine Mutter war schlagfertig:»Wie Sie heißen weiß ich, aber Sie wissen nicht, wie ich jetzt heiße« freute sie sich.»Ich bin eine verheiratete Frau und heiße Voigt!«

Am vierten April 1913 kam ich zur Welt. Meine Mutter gab mir den Vornamen der Hebamme: Margarete.

Mein Vater, Richard Voigt, war vier Jahre älter als meine Mutter. Er hatte die Idee, dass meine Mutter wie im Vorjahr als Amme Geld verdienen sollte, doch diesmal weigerte sie sich. So kam ich in den alleinigen Genuss der Muttermilch. Mein Vater fand, das wäre eine Verschwendung.

Unsere Mutter hatte ihren künftigen Mann im *Kleinen Paradies* kennengelernt. Er war Stellmacher und als Handwerksbursche auf der Durchreise. In Deuben bei Weißenfels an der Saale geboren, machte er sich auf Wanderschaft und kehrte im Gasthaus meines Großvaters ein. Meine Mutter musste in der Küche und beim Bedienen der Gäste helfen. Richard fand Alma mit ihren festen Rundungen anziehend. Sie war von seinem charmanten sächsischen Dialekt angetan, wenn er ihr mit etwas zu hoher Stimme Liebesworte ins Ohr flüsterte.

Im *Kleinen Paradies* plauderte das Plappermaul Maria aus, wo die große Schwester Alma als Weißnäherin in der Stadt arbeitete. Richard holte Alma ungefragt von der Arbeit ab und begleitete sie bergauf zum *Kleinen Paradies*. Dort wartete zwar weitere Arbeit auf Alma, aber sie fand Zeit und Wege, um Richard nahe zu sein. Die Mutter beäugte den Balztanz von Richard misstrauisch, doch der war nicht so leicht abzuschütteln. Er hielt sich an den Vater und reparierte das eine oder andere Teil am Haus. Schließlich fragte er den Vater, ob er Alma zum Tanzen einladen dürfe. Der antwortete: »Wenn Sie die Alma so zurückbringen, wie ich sie Ihnen anvertraue, geht das in Ordnung.« Alma war hoch erfreut über die Erlaubnis, denn insgeheim sehnte sie sich danach, dem Elternhaus zu entfliehen. Zwar gefiel ihr die Arbeit in der Näherei, doch die Hilfe in der elterlichen Gaststube behagte ihr gar nicht.

So brauchte mein Vater auch keine großen Überredungskünste anwenden, um meine Mutter davon zu überzeugen, mit ihm ins Ruhrgebiet nach Castrop-Rauxel zu gehen. Dort würden Handwerker, wie er es einer war, mit Handkuss jede Arbeit nachgeworfen bekommen. Sie hatte keine Ahnung, wo das Ruhrgebiet lag und was Castrop-Rauxel war. »Aber dann müssen wir vorher heiraten«, wandte Alma ein. Na ja, das könne man ja auch dort machen. Es waren nur noch die Eltern von dem Vorhaben zu überzeugen – die ließen sich aber nicht darauf ein.

Richard kam auf die Idee, sich ohne Einwilligung der Eltern mit der 17-jährigen Alma bei Nacht und Nebel davonzumachen. Meine Mutter war hin- und hergerissen zwischen Richard und den Eltern und Geschwistern, doch ihre Sehnsucht nach einem neuen aufregenden Leben war größer. Sie packte ein Bündel mit notwendigen Sachen zusammen, nahm dieses unter einem Vorwand mit zu ihrer Arbeitsstelle und marschierte an einem Tag im März 1911 nach Feierabend frohen Mutes mit Richard zum Bahnhof in Nordhausen. Sie hatte sich nicht von den Eltern und Geschwistern verabschiedet. Sie würde ihnen aus Castrop-Rauxel schreiben.

Meine Mutter hatte sich keine Gedanken darüber gemacht, wo sie mit Richard wohnen sollte. Er hatte einen Handwerkerkollegen, der möbliert zur Untermiete bei einer Witwe wohnte. Der hatte ihm angeboten, übergangsweise bei ihm zu nächtigen, die Vermieterin wäre damit einverstanden. Meiner Mutter kam das zwar nicht ganz geheuer vor, es wäre ihr lieber gewesen, wenn sie in einer kleinen Privatpension wohnen könnten, doch Richard sagte, das sei doch eine Privatpension.

»Es ist aber nur ein Bett vorhanden. Wo schlaft ihr Männer denn, bis wir was Eigenes gefunden haben?«

Richard beruhigte sie: »Wir schlafen auf dem Fußboden.«

In der Nacht war es aber doch sehr kalt, schließlich war es ja erst Anfang März 1911. »Alma, du frierst ja. Lass mich dich wärmen« lockte Richard.

Am anderen Morgen hörte meine Mutter die beiden Männer im leisen Gespräch vertieft: »Und, hast du sie gehabt?«, fragte der Freund.

Die Antwort von Richard verstand meine Mutter nicht. Sie hatte viel mehr Sorgen um das blutbefleckte Bettlaken. Die Sorge verstärkte sich bis zum Januar des folgenden Jahres, als meine Schwester Maria geboren wurde.

Als meine Eltern im Sommer 1912 heirateten, war ich bereits unterwegs. Jetzt hatten meine Eltern auch eine größere Wohnung in Dortmund in der Weiherstraße. Das war auch nötig, denn nach meiner Geburt war meine Mutter schon wieder schwanger und im Sommer 1914 kam der ersehnte Stammhalter, der auf den Namen *Karl* getauft wurde und fortan nur *Kalli* gerufen wurde.

Als meine Mutter zum dritten Mal in der Gebäranstalt auflief, nahm die Hebamme sie zur Seite und sagte: »Frau Voigt, Sie müssen nicht jedes Jahr ein Kind kriegen. Ich sage Ihnen jetzt, wie Sie das verhindern können.«

Ich habe nie herausbekommen, ob es an diesem geheimnisvollen Ratschlag lag oder am Ausbruch des 1. Weltkrieges. Jedenfalls kamen keine weiteren Geschwister dazu.

Die erste Erinnerung an meinem Vater habe ich daher erst nach dem 1. Weltkrieg. Meine Mutter hat nie geklagt, dass sie die gesamten vier Jahre des Krieges allein für drei kleine Kinder sorgen musste. Es gab wenig Sold und in den Rüstungsfabriken wollte und konnte sie nicht arbeiten. Sie musste sich irgendwie durchschlagen, denn mein Vater zog jubelnd in den Krieg. Als Stellmacher war er nun wirklich ein gefragter Mann und schließlich würde der Krieg spätestens Weihnachten zu Ende sein.

Das er vier Weihnachten dauern würde, hatte keiner für möglich gehalten. In all den vier Jahren des 1. Weltkrieges ließ er sich nur einmal blicken, und zwar, als wir drei Kinder bereits laufen konnten. Er schleppte uns zu einem der Fotografen in Dortmund. Unsere Mutter musste uns herausputzen, was in der Zeit gar nicht so einfach war, aber Vater wollte vor seinen Kameraden mit uns angeben. Für ein Foto mit unserer Mutter reichte es nicht, wohl aber für eine Porträtaufnahme von ihm selber.

Es war für unsere 21-jährige Mutter schwierig, für drei Kleinkinder genügend Essen, Kleidung, Schuhe und eine warme Bleibe zu beschaffen. Beim Anstehen nach Milch lernte sie Wilhelmine kennen. Eine Ur-Dortmunderin, die sich trotz ihrer Jugend resolut durchsetzen konnte: »Du musst die Kinder mitnehmen und zusehen, dass sie ordentlich anfangen zu schreien. Dann wirst du schneller vorgelassen«, war einer der wertvollen Tipps.

Im ersten Stock der Weiherstraße wohnte ein alleinstehender älterer Herr. Er war schon 40 Jahre alt. Wenn er meine Mutter auf der Straße traf, bot er ihr immer an, die Einkaufstasche zu tragen, damit sie freie Hand hatte – zum Tragen der drei Kinder. Die Tasche war nie sehr schwer und irgendwann hatte meine Mutter das Gefühl, dass der ältere Herr für das Tragen mehr erwartete als ein freundliches Dankeschön. Sie achtete darauf, dass sie ihm nicht mehr so häufig begegnete. Und eines Tages war auch er beim Militär. Er verabschiedete sich mit schmachtendem Blick und ward nie wieder gesehen.

Das Geld, das Vater schickte, reichte vorn und hinten nicht. Ihre Mutter in Nordhausen anzubetteln war sie zu stolz. Zwar hatte sie sich mit den Eltern wieder ausgesöhnt, aber sie wollte sich keine Blöße geben. Wieder war Wilhelmine die Ideengeberin: »Vermiete doch ein Zimmer an einen Kostgänger. Das machen jetzt viele, weil es nicht genügend Wohnraum gibt, den ein normaler Arbeiter bezahlen kann.«

»Aber das geht doch nicht. Ich als alleinerziehende Soldatenfrau kann doch nicht an einen fremden Mann vermieten. Was soll der Hauswirt sagen?«, fragte meine Mutter schockiert.

»Na ja, was kannst du denn noch so, außer Kinder wickeln, putzen, kochen und Wäsche waschen?«

»In Nordhausen habe ich als Weißnäherin gearbeitet.«

»Was ist das denn?«

»Na, man näht oder bessert weiße Wäsche aus. Mit einer Nähmaschine oder mit der Hand werden die defekten Teile kunstgestopft. Tischtücher, Handtücher, Bettbezüge und so was.«

»Das ist doch einen Versuch wert. Frag in Krankenhäuser und Hotels nach. Vielleich bekommst du Aufträge und kannst sogar zu Hause arbeiten.«

Nach einiger Überwindung und in Anbetracht der katastrophalen Essensbeschaffung marschierte sie in das Dudenstift. Sie überlegte nicht lange, was sie sagen sollte. Sie hatte nur einen Gedanken: Wie kriege ich meine Kinder satt und wie bekomme ich die Wohnung warm. Die Frauenklinik war ihr bekannt. Auch die städtischen Krankenanstalten an der Beurhausstraße standen auf ihrer Liste. Einige Restaurants und Hotels klapperte sie noch ab. Und tatsächlich: Als Erste meldete sich die Frauenklinik. Zunächst holte sie die Teile noch selber ab, dann wurde ihr die saubere Wäsche zum Ausbessern gebracht und auch wieder abgeholt.

Im Sommer konnte sie von früh morgens bis zum Dunkelwerden am Fenster sitzen und nähen. Im Winter schaffte sie nicht so viel und musste mit dem Petroleum und den Kerzen sparsam umgehen. Mit etwas erspartem Geld kaufte sie sich eine gebrauchte Nähmaschine. Damit konnte sie die Aufträge schneller abarbeiten. Schon sprach sich das in der Weiherstraße herum und die ersten Anfragen von Nachbarn kamen dazu. Sie musste jetzt den Haushalt und die Kindererziehung gut organisieren, denn die Aufträge nahmen immer weiter zu. Sie entschied, dass die Kinder in den Kindergarten gehen sollten. Sie entschied, was sie mit dem verdienten Geld machen wollte. Sie entschied in den vier Kriegsjahren allein über ihr Leben und das der Kinder. Mit 25 Jahren war sie eine selbstbewusste Großstadtfrau geworden.

Im Winter 1918 stand ein Mann vor unserer Wohnungstür. Meine Schwester Maria rief nach der Mutter: »Hier ist ein Mann, der bringt Feuerholz!«

Der Mann fragte: »Wer bist du denn?«

»Ich bin die Große« kam es zurück.

Meine Mutter schob Maria beiseite und den Mann in die Wohnung. »Richard, endlich«, schluchzte sie.

Wir Kinder standen um die beiden herum und wunderten uns.

Der Mann wunderte sich auch über die großen Kinder. Er hatte sie viel kleiner in Erinnerung. Er stotterte: »Ich habe einen Weihnachtsbaum mitgebracht. Morgen ist doch Heiligabend.«

Meine Mutter reagierte bestimmend und praktisch. »Wir werden ein paar Zweige für das Herdfeuer opfern.«

Es wurde ein schönes Weihnachtsfest, vielleicht das schönste in meinem Leben. Der Weihnachtsbaum war mit Strohsterne und zwei weißen Wachskerzen geschmückt. Es gab Steckrübenpuffer mit Kunsthonig bestrichen. Es war herrlich!

Mein Vater ging auf Arbeitssuche. Aber so schnell klappte es nicht. Das lag auch daran, dass mein Vater sich für manche Arbeit zu fein war. Und auf keinen Fall wollte er unter Tage im Kohlebergbau arbeiten. Meine Mutter schlug ihm das vor, weil es dann auch extra

Lebensmittel gäbe. Aber er meinte nur:»Keiner aus unserer Familie wird je im Pütt einfahren!«

Mein Vater wurde der erklärte Liebling von uns Kindern und das nicht nur, weil wir nach seiner Rückkehr aus dem Krieg wieder regelmäßig eine warme Stube hatten. Er nannte uns ganz oft»meine Dortmunder Pröttelkes.«Obwohl er sich viel Mühe gab: Den sächsischen Dialekt konnte er nicht verbergen.

Dass die Eltern Sorgen hatten, bekamen wir Kinder mit. Der Krieg hatte alle ihre Pläne zerstört, die Lebensmittelversorgung war zusammengebrochen und eine schwere Grippeepidemie grassierte. Auf den Straßen in Dortmund tobte die Revolution. Der Schulunterricht fiel immer häufiger aus.

Im Frühjahr 1921 war die Situation so schwierig, dass sich die Eltern – mehr die Mutter, als der Vater – entschieden, alle drei Kinder *aufs Land* zu schicken. Sie hatten schlichtweg Angst, dass Schlimmeres passieren könne. So kam es, dass wir Kinder mit der Arbeiterwohlfahrt auf Reisen gingen.

Ich kam in den Harz, nach Oker, einem kleinen Ort bei Goslar. Meine Schwester Maria und unser Bruder Kalli kamen auf einen Bauernhof in Pommern. Nach der ersten Abenteuerlust kam aber schon bald das Geschrei, als wir merkten, dass die Eltern nicht mitkamen, sondern wir allein in den Zug steigen mussten.

Die Reise nach Oker war unendlich lang und ich war bald eingeschlafen. Die Rotkreuz-Schwester, die einige Kinder begleitete, weckte mich und ich stieg mit meinen kleinen Koffer und dem schweren Rucksack aus.

Vor mir standen *Onkel* August und *Tante* Anna Deike.»Na, du bist ja ein zartes Kindchen. Dich werden wir erst mal aufpäppeln«, erklärte Tante Anna.

Das Heimweh der ersten Tage verging unter der liebevollen Betreuung aller Familienmitglieder schnell. Jeden Sonntag musste ich allerdings mit Onkel August von der Brunnenstraße in Oker bis zu dem neu gebauten *Café Winuwuk* in Bad Harzburg wandern. Das war für mich schrecklich weit. Und zurück mussten wir ja auch wieder. Es lockten mich aber das Stück Zuckerkuchen und der Becher Kakao.

Die ersten Wanderungen waren mir unheimlich. Das *Winuwuk* war für mich ein Hexenhäuschen, lag verwunschen im Elfenwald. Aber Trolle und Elfen oder gar Hexen habe ich nie zu Gesicht bekommen.

Den ganzen Sommer über wurde ich behütet, gefüttert und gepflegt. Die Schule fiel in diesem Sommer aus.

Dass ich dreißig Jahre später wieder im Harz landen würde, und zwar für immer, stand da vielleicht schon in den Sternen geschrieben.

Ich freute mich mächtig, als es wieder nach Hause, nach Dortmund gehen sollte. Meine Schwester und mein Bruder waren schon ein paar Tage vor mir zurückgekehrt. Ich erkannte die beiden nicht wieder: Ihre Köpfe waren kahl geschoren! Mein Vater regte sich mächtig auf, dass Maria und Kalli so verdreckt nach Hause kamen. Er beschwerte sich bei der Arbeiterwohlfahrt.

Überhaupt war mein Vater sehr mit uns Kindern beschäftigt, mehr als zu der damaligen Zeit üblich. Jeden Sonnabend wurden wir Kinder mit dem Sechs-Uhr-Glockengeläut der nahen *Reinoldi-Kirche* in einer großen Zinkwanne gebadet. Im Schlafanzug durften wir die vom Vater gebackenen *Berliner Ballen* im Zucker wälzen. Was an unseren Fingerchen hängen blieb, war herrlich zum Abschlecken. Die *Berliner Ballen* natürlich auch.

1923 und 1924 waren aufregende Jahre. Unsere Stadt war auf einmal von französischen Soldaten besetzt. Es war unruhig und die Eltern verboten uns, auf der Straße zu spielen. Es gab eine Ausgangssperre. Das war bitter für uns, denn alle unsere Schulfreunde konnten wir nur noch in der Schule treffen und selbst da ließen uns die Eltern nicht immer hin.

Vater war wie viele andere auf der verzweifelten Suche nach irgendeiner Arbeit. Er berichtete nach seinen Streifzügen durch die Stadt von Plünderungen und meine Mutter schleppte angstvoll ihre wenigen Kostbarkeiten, wie die Nähmaschine und eine Kristallvase, vorsorglich in den Keller. Fast alle Väter unserer Freunde waren ohne Arbeit. Es gab Unruhe und auch mein Vater kam eines frühen Morgens im Juni – es war fast noch Nacht – kreidebleich und zitternd nach Hause. Er blutete an der Hand. Wir Kinder erfuhren erst viel später, was sich zugetragen hatte: Auf der Suche nach etwas Heizbarem geriet mein Vater in eine Menschenmenge. In der Unruhe wurde plötzlich ein französischer Besatzungssoldat durch einen Schuss getötet. Mein Vater entkam in letzter Minute dem Tumult. Wenn unser Vater jetzt aus dem Haus ging, kam er meistens nur noch bis zur Eckkneipe.

Nach fast zwei Jahren war der französische Spuk vorbei. Wir ahnten nicht, dass es bald wieder losgehen sollte.

Aber erst mal hatte sich Besuch aus Nordhausen angekündigt. Unsere jugendliche Tante Mariechen wollte uns besuchen. Die hatten wir noch nie gesehen. Wir waren schon mächtig aufgeregt, aber unsere Mutter war noch aufgeregter. Irgendetwas stimmte mit diesem Besuch nicht, das spürten wir Kinder, weil die Eltern sich des Abends flüsternd zankten.

Unserer Mutter holte die Tante vom Bahnhof ab. Beide hatten verheulte Augen, als sie zu Hause ankamen. Am warmen Sommerwind konnte das nicht liegen. Wir Kinder wurden vor die Tür geschickt, was uns erst recht neugierig machte – mich ganz besonders. Meine schier ungebremste Neugier sollte mir noch manchen Stolperstein auf meinen Lebensweg legen.

Wir stellten uns unter das Fenster, dessen Oberlicht geöffnet war. Die Wortfetzen, die wir aufschnappten, machten uns auch nicht schlauer. Es war alles sehr geheimnisvoll.

Die Neugier nagte an mir. Selbst abends im Bett, das wir Mädchen gemeinschaftlich mit der Tante teilen mussten, erzählte sie nichts von ihrem offensichtlichen Kummer, trotzdem ich heftig bohrte.

Ein paar Tage später stand auch noch ein fremder junger Mann vor der Haustür. Der wurde aber von unserem Vater lautstark abgewiesen. Im ganzen Haus wurden die Fenster geöffnet, um das Schauspiel aus erster Hand mitzubekommen. Meine Freundin Tilla war es, die mich fachmännisch aufklärte, weil sie die Gespräche zwischen ihrer und unserer Mutter Tags zuvor belauschen konnte: Die hübsche Tante hatte sich Hals über Kopf in einen Mann verliebt, der jeden Montag im *Kleinen Paradies* einkehrte, und sie wartete jeden Montag sehnsüchtig auf den Verehrer. Der Mann kam montags, weil er herausgefunden hatte, dass an diesem Wochentag die Eltern der Tante in der Stadt zum Großeinkauf waren. Es kam, wie es kommen musste: Die Tante wurde schwanger. Der Herr sollte die Tante nun heiraten, aber er und die Tageskasse waren nicht mehr zu sehen. Die Nachforschungen ergaben, dass der Mistkerl bereits verheiratet war, und zwar gleich zweimal – zur gleichen Zeit! Diese Schmach, Enttäuschung und der Zorn verursachten bei der Tante eine heftige Erkrankung mit Lungenentzündung und allem Drum und Dran. Als Folge verlor die Tante das Kind. Und nun war sie bei uns, sollte sich erholen und auf andere Gedanken kommen.

Der junge Mann an unserer Haustür war übrigens ein Verehrer, den die Tante bisher nie beachtet hatte, obwohl er auch regelmäßig im *Kleinen Paradies* auftauchte. Er wurde später ihr geliebter Ehemann, Onkel Kurt Cramer. Kinder hatten die beiden jedoch nicht. Sie entschlossen sich, einen kleinen Jungen zu adoptieren. Er hieß Wolfgang. Seine Mutter hatte ihn zur Adoption freigegeben – mehr oder weniger freiwillig. Die kleine Familie wohnte zusammen mit den Großeltern nach Aufgabe des *Kleinen Paradies* in Nordhausen im Hohenzollernring. Das große vornehme Haus hatte unser Großvater gebaut. Sowohl unsere Mutter als auch später ich haben die beiden dort einige Male besucht. Aber das sind andere Geschichten.

Jetzt begannen die *Goldenen Zwanziger* auch für uns. Mein Vater verdiente gutes Geld, obwohl er oft die Arbeitsstellen wechselte. »Auf keinen Fall gehe ich in den Pütt«, sagte er wiederholt zu meiner Mutter. »Auch die Kinder sollen was Anständiges lernen. Nur ja nicht in den Pütt!«, betonte er immer wieder. Ich wusste lange Zeit nicht, dass es sich um Bergmannsarbeit handelte. Es hörte sich an, als sei es eine *unanständige* Arbeit. Er jedenfalls wechselte zwischen Werkzeugfabriken, Stahlbaufirmen und Brauereien.

Ich habe meine Heimatstadt Dortmund als grüne Stadt in Erinnerung. Selbst auf unserem Hof hinter dem Haus standen grüne Büsche mit Weidenkätzchen und Holunderbeeren.

In sehr viel späteren Jahren überraschte ich einen jungen Arzt an der Medizinischen Hochschule in Hannover mit meiner Erklärung bezüglich meiner einseitigen Schwerhörigkeit: »Herr Doktor, Sie müssen in das rechte Ohr sprechen. Auf dem anderen höre ich nichts.«

»Seit wann ist das so?«

»Och, Herr Doktor, das ist eine lange zurückliegende Geschichte. Als kleine Kinder haben meine Schwester und ich uns auf unserem Hof in Dortmund Miesekätzchen in die Ohren gestopft. Sie wissen doch, diese kleinen weichen Knospen der Weiden. Unsere Mutter bemerkte das erst viele Tage später. Damals wurde man als Kind nicht so oft gebadet wie heute. Nun, sie ging mit uns zum Ohrenarzt und der holte die Dinger aus unseren Ohren heraus. Ich war ein zappeliges Kind und habe meinen Kopf nicht so still gehalten wie meine Schwester. Dabei wurde mein Trommelfell beschädigt. Und deswegen höre ich bis heute auf dem Ohr nichts. Und soll ich Ihnen etwas sagen, Herr Doktor? Die Miesekätzchen hatten schon gekeimt!«

Der Doktor bekam seinen Mund nicht mehr zu. Ich sah ihm an, dass er überlegte, ob ich ihm einen Bären aufbinden wollte oder nicht alle Sinne beieinander hatte.

Wir Kinder hatten in der Weiherstraße viele Freunde. Meine beste Freundin war Tilla Rohde. Sie wohnte mit ihrer Familie in der Schwanengasse. Dort betrieben ihre Eltern eine Spedition, was mir später noch sehr hilfreich werden sollte. Tilla und ich waren unzertrennlich – bis Edmund kam. Er fuhr mit seinem Fahrrad durch unsere Weiherstraße, immer auf und ab. Die kleineren Kinder standen auf der Straße und bewunderten Edmund, wie er aufrecht auf dem Herrenfahrrad saß und sich hin und wieder mit der Klingel bemerkbar machte. Tilla und ich kamen dazu.

Edmund hielt an, stellte lässig ein Bein auf die Erde und fragte: »Wer will auf der Stange mitfahren?«

Sofort war ich bereit, dieses Vergnügen auszukosten.

»Was krieg ich dafür, dass ich dich mitnehme?«, fragte mich Edmund.

»Ich weiß nicht, ich habe kein Geld«, war meine Antwort.

»Ich bin auch mit einem Kuss zufrieden«, gab Edmund großzügig bekannt.

Das war ja einfach. Selbstverständlich würde ich ihn mit einem Kuss bezahlen – aber erst nach Ende der Tour, die mindestens zehn Minuten dauern müsse. Edmund hielt Wort und ich auch. Die Kinder schrien: »Marga küsst Edmund, Marga küsst Edmund!«

Das Fatale war, dass Edmund genau vor den Fenstern unserer Parterrewohnung die Fahrradtour beendete. Vom Geschrei herbeigelockt, kam meine Mutter auf die Straße geeilt und ich bekam eine Backpfeife. Mutter zog mich ins Haus und ich konnte gerade noch den Blick von Tilla erhaschen. War da Eifersucht im Spiel? Es kam mir so vor.

Ich bekam eine Woche Stubenarrest. Das war die schlimmste Strafe für mich, da ich doch immer in Bewegung war und neugierig alles Neue erkunden wollte. Die ersten zwei Tage sah ich keines der Kinder und auch Tilla nicht auf der Straße. Doch dann, am dritten Tag, fuhr das Fahrrad mit Edmund wieder die Straße auf und ab. Die Stange war auch wieder besetzt: von Tilla, die triumphierend zu unseren Fenstern blickte.

Als der Stubenarrest endete, war mein erster Gang nach draußen. Von Edmund und Tilla war nichts zu sehen. Ich überlegte mir, wie ich Edmund beeindrucken könnte, dass er mich wieder auf der Stange mitfahren ließe. Und wie ich Tilla ausstechen könnte.

Das erste Schmuckstück meiner Mutter war eine kleine goldene Armbanduhr. Mein Vater hatte sie ihr zu einem Weihnachtsfest geschenkt. Die Uhr war der Stolz meiner Mutter, die sie nur zu besonderen Anlässen trug. Nicht mal am Sonntag wurde die Uhr angelegt. Diese Uhr wurde sorgfältig in einem Kästchen mit Watte verpackt und befand sich in der Schublade des *guten* Büfetts. Diese Uhr was das Objekt meiner Begierde. Ich band die Armbanduhr um mein Handgelenk. Das sah schon ganz erwachsen aus. Meine Mutter hatte aber kräftige, um nicht zu sagen dicke Arme. Die Uhr hing daher an meinem Handgelenk lose herum. Das störte mich nicht weiter.

Inzwischen wurde es lebhaft auf der Weiherstraße. Es war wieder Edmund-Zeit. Ich ging zur *Fahrradhaltestelle*, den Arm mit der Uhr sichtbar vor dem Bauch verschränkt. Tilla ließ mir großzügig, aber doch ein wenig verkniffen den Vortritt. Nach einer Runde wollte ich elegant von der Stange gleiten, aber Edmund hatte zu scharf gebremst. Da geschah es: Die Armbanduhr flog in hohem Bogen von meinem Handgelenk in die Gosse. Edmund wollte gerade zur nächsten Runde starten und – knack – fuhr über die Uhr.

Ich suchte verzweifelt die Einzelteile zusammen und verstaute diese heimlich in dem Kästchen.

Gerade als ich die Schublade des Schrankes zuschieben wollte, kam meine Mutter vom Einkaufen zurück. »Was machst du am Büfett?«

»Ich suche nur was«, stotterte ich.

Meine Mutter zog die Schublade auf und bemerkte den Schaden. Ich war auf eine tüchtige Tracht Prügel eingestellt, aber es wurde viel schlimmer: Meine Mutter brach in Tränen aus und das war heftiger als Prügel und Stubenarrest zusammen. Ich wusste nicht, was ich machen sollte. Ich versprach ihr alles Mögliche, damit sie mit dem Weinen aufhörte. Sie ließ mich wortlos stehen und beachtete mich eine Woche lang nicht. Dabei war ich immer ihr erklärter Liebling von uns Kindern gewesen. Meinem Vater erzählte sie eine andere Geschichte.

Die Nichtbeachtung übertrug sich auf meine Geschwister, sodass ich mir sehr einsam vorkam. Ich hatte auch kein Bedürfnis mehr, Fahrrad zu fahren. Als Wiedergutmachung half ich nach der Schule freiwillig im Haushalt mit. Meine Mutter ließ mich gewähren.

Meine Freundin Tilla war wie vom Erdboden verschluckt. In der Schule war sie auch nicht zusehen. Eine andere Klassenkameradin erzählte mir, dass Tilla nun in einem Internat bei den Nonnen sei. Ihre Eltern wollten nicht, dass sie sich nach der Schule mit den Jungs rumtrieb. Edmund wurde nicht wiedergesehen – vorerst.

Allmählich kam das Ende der Schulzeit näher und damit auch die Konfirmation. Damit unsere Eltern in Dortmund nicht drei Jahre hintereinander eine Konfirmation ausrichten mussten, wurden wir drei Kinder gemeinsam in einem Jahr in der *Reinoldi-Kirche* konfirmiert.

Eigentlich wurden wir von unserer Mutter katholisch erzogen. Sie kam aus einer erzkatholischen Familie im Eichsfeld. In Nordhausen gingen sie und ihre Geschwister fleißig zum katholischen Kommunionunterricht. Der dortige Pfarrer war der Meinung, den Katechismus müsse man den Kindern gewaltsam einbläuen, mit Auswendiglernen und dem ganzen Drumherum. Großvater Hüther – der gestandene Gastwirt des *Kleinen Paradies* – war nicht dieser Meinung. Er redete mit dem Pfarrer Tacheles und löste einen noch größeren Skandal aus, indem er nach der Erstkommunion der Kinder mit der gesamten Familie aus der katholischen Kirche austrat und in die evangelische Kirche eintrat. Ein Affront sondergleichen im erzkatholischen Eichsfeld.

Es begann die schwere Zeit der Wirtschaftskrise. Mein Vater hatte mal wieder keine Arbeit. Unsere Mutter sorgte mit ihren Näharbeiten für das Haushaltsgeld. Dem Vater gefiel das gar nicht, musste er doch für jedes Bierchen in der Eckkneipe unsere Mutter um Geld bitten.

Wir Kinder hatten die Schule beendet und sollten nun eine Ausbildung beginnen. Meine Schwester hatte im Jahr zuvor eine Lehrstelle in einem Hotel gefunden, das sagte ihr aber nicht zu. Die Besitzer des Hotels waren nicht sehr amüsiert darüber, als meine Schwester die Ausbildung abbrechen wollte. Meine Mutter vertröstete den Hotelbesitzer mit der Aussicht, dass ich die Stelle im nächsten Jahr antreten könne. So sollte ich nun Köchin werden.

Ja, ich war zuerst begeistert von meiner Lehrstelle. Das änderte sich aber bald, als ich jeden Abend nach zwölf Stunden Dienst und nach Küche riechend zu Hause todmüde ins Bett fiel. So hatte ich mir das Erwachsenenleben nicht vorgestellt.

Auf dem täglichen Weg zum Hotel kam ich regelmäßig im Ostenhellweg an dem Pelzgeschäft *Wilhelm Messling* vorbei. Ich schaute mir gern die extravaganten Mäntel, Hüte, Schals, Handschuhe und auch Kostüme an. Im Oktober 1927 fiel mein Blick auf das kleine Plakat *Lehrstelle als Pelznäherin zu besetzen.*

»Mutter, das will ich unbedingt machen!«, rief ich meiner Mutter im Wohnzimmer zu. Sie sträubte sich, wieder zum Hotelbesitzer zu gehen und zu sagen, dass auch diese Tochter die Lehrstelle abbrechen wird. Schließlich hatte sie von dem Hotel die Wäscheaufträge bekommen.

Mein Vater hielt sich raus. Er war überhaupt seit einiger Zeit missgelaunt. Er bemühte sich sehr um eine neue Arbeit, aber er und viele andere mussten stempeln gehen. Unsere Mutter hielt die Familie wieder mit ihrer Näherei über Wasser. Es gab jeden Tag kleinere und auch größere Streitereien zwischen Vater und Mutter. Mein Vater konnte es nicht ertragen, dass seine Frau der Haushaltsvorstand war. Seit Ende des Krieges erkannte er seine schüchterne und hausbackene Alma nicht wieder: »Du machst doch sowieso, was du dir in den Kopf gesetzt hast. Was fragst du überhaupt noch?«, war der Satz, den unsere Mutter nun häufig von ihrem Richard zu hören bekam. Sein Freund Hermann überredete ihn, gemeinsam als Desinfektor selbstständig zu arbeiten. Man könne über Land ziehen und Höfe und Betriebe aufsuchen, um das dortige Ungeziefer auszuräuchern. Das sei allemal besser, als zu Hause rumzusitzen. Von da an sahen wir unseren Vater nur noch am Sonntag.

Meine Mutter begleitete mich zum Vorstellungsgespräch in das Pelzgeschäft. Herr Seidel, der Kürschnermeister, erklärte uns, was in dem Beruf alles gelernt werden und dass ich die kaufmännische Berufsschule einmal die Woche besuchen müsse. Ja, das wollte ich unbedingt: schicke, vornehme und reiche Damen in Pelze gehüllt begutachten. In Pelzen, die von mir zusammengenäht waren.
Ich lernte schnell und mit wachsender Begeisterung. Jeden Tag konnte ich zu Hause andere Ereignisse erzählen. Meine Schwester Maria wurde schon neidisch. Sie war als Hausmädchen in einem privaten Haushalt in der Südstadt gelandet.

Die Sonntage, an denen mein Vater zu Hause war, wurden immer weniger. Er begründete das mit den weiten Anreisen ins umliegende Land. Meiner Mutter war das scheinbar ganz recht, so lange der Vater Wirtschaftsgeld ablieferte.

Den Abend, als ich meine Mutter weinend am Küchentisch vorfand, vergesse ich nie: »Was ist passiert, Mutter?«

»Euer Vater hat noch kein Geld geschickt. Die Miete wird morgen fällig. Und er hat doch gerade noch die Zimmer auf der anderen Seite des Flurs gemietet. Ihr könnt doch nicht mehr in einem Zimmer schlafen. Meine Nähaufträge reichen bei Weitem nicht aus, um alles zu bezahlen.«

»Nun mach dir keine Sorgen. Es hat sich doch schon mal verzögert. Und der Hausbesitzer wird uns nicht gleich vor die Tür setzen. Außerdem verdienen Maria und ich auch Geld. Wir werden alles abliefern, auch unser Erspartes«, tröstete ich meine Mutter.

Sie sagte nicht, dass sie Hermann getroffen hatte, den Freund des Vaters. Sie hatte sich gewundert, dass Hermann in der Stadt war. »Wieso?«, fragte dieser. Richard müsse doch auch zu Hause sein. Die Arbeit als Desinfektor habe sich ja erledigt. Die Leute auf dem Lande hätten nun ihre eigenen Methoden, um Ratten und Mäuse zu verjagen. »Hömma, das war kein Geschäft«, erklärte er meiner Mutter. Sie war fassungslos. Mit keinem Wort hatte mein Vater davon berichtet. Er sagte auch nicht, woher das Wirtschaftsgeld kam. Weder er noch das Wirtschaftsgeld kamen in den nächsten Tagen und Wochen.

Aus den Wochen wurden Jahre. Meine Mutter hörte auf ihre beste Freundin, Wilhelmine: »Geh' zum Amt. Die müssen dir und den Kindern helfen.«

Schweren Herzens machte sich meine Mutter auf den Weg.

Der Beamte des Sozialamtes war hochnäsig: »Das müssen Sie erst mal beweisen, dass ihr Mann spurlos verschwunden ist. Wir haben genug Frauen, die das behaupten, nur um an öffentliche Gelder zu kommen, weil das Stempelgeld nicht ewig gezahlt wird. Gehen Sie zum Arbeitsamt. Dort wird es für Sie Arbeit geben.«

Das glauben Sie doch selber nicht, dachte meine Mutter. Trotzdem folgte sie der Amtsanweisung.

Der Mann beim Arbeitsamt schaute ungläubig. Dann sagte er: »Ja, gute Frau. Viel Arbeit ist nicht, aber es gibt die Putzstelle in der Schule. Sie bekommen dort Eimer, Besen, Schrubber und Feudel.«

Am zweiten Tag gab Wilhelmine den hilfreichen Tipp: »Du bist doch nicht gut zu Fuß, Alma. Mit deinen schlechten Venen kannst du nicht jeden Tag den weiten Weg zur Schule laufen. Das sag' mal deinem Arzt.«

Meine Mutter ging fortan nicht mehr putzen. Sie wurde wieder beim Sozialamt vorstellig.

»Nun, wenn Ihr Mann Sie wirklich im Stich gelassen hat und Sie nicht wissen, wo er steckt, müssen Sie sich scheiden lassen«, sagte der Beamte zu meiner Mutter. Dann hätte sie Anspruch auf Unterstützung.

Meine Schwester, mein Bruder – der inzwischen eine Lehrstelle als Klavierbauer hatte – und ich gaben unser Lehrgeld komplett der Mutter. Auch eines unserer Zimmer machten wir frei. Ein alleinstehender Herr mietet auf Empfehlung von Wilhelmine das möblierte Zimmer. Aber es reichte trotzdem nicht.

Wilhelmines Ratschlag lautete: »Lass' dich scheiden. Sonst musst du doch noch putzen gehen.«
Schweren Herzens entschloss sich meine Mutter zu dem Schritt. Die Scheidungspapiere konnten meinem Vater nicht zugestellt werden. Er war und blieb fast zehn Jahre wie vom Erdboden verschluckt.

Meine Lehrzeit im Bekleidungsgeschäft *Wilhelm Messling* unter Kürschner Meister Seidel war im November 1930 beendet. Ich bereitete mich auf meine Prüfungen vor. Als Gesellenstück wollte ich eine Fuchsstola nähen, so richtig mit Fuchskopf und Klauen. Ich hatte die Idee, den Fuchs in zwei gleiche Hälften zu teilen. Den konnte ich als Doppelkragen oder als Schal umlegen. Das Fell musste ich natürlich bezahlen. Die Prüfungskommission war sehr angetan von meinem Werkstück.

Meine Prüfung bestand ich mit *Gut*, trotz Anton Finke, genannt *Töne*, der mir seit ein paar Wochen heftig nachstellte. Damals stand ich gerade in einem der Schaufenster, um die Herbstkollektion zu dekorieren. Meine Füße steckten in den Textilüberschuhen, die klobig aussahen. Er klopfte an die Scheibe und deutete grinsend auf meine Füße. Ich drehte ihm demonstrativ den Rücken zu. Als ich Feierabend hatte, stand er wie zufällig am Hinterausgang. Ich erkannte ihn nicht gleich, weil ich ihm ja den Rücken zugedreht hatte.

»Guten Abend, Fräulein …. Mein Name ist Finke, Anton Finke. Darf ich sie ein Stück des Weges begleiten?« Von da an begleitete mich Töne in Abständen bis zum Jahr 1944.

Ich fühlte mich sofort mit ihm vertraut. Seine Augen waren das Faszinierendste an ihm. Sie waren bernsteinfarben und schimmerten auch so durchsichtig. Die vollen Lippen waren immer ein wenig geöffnet. Und sein volles dunkles Haar war zwar exakt nach hinten gekämmt, aber manchmal schob er mit einer lässigen Handbewegung eine Stirnlocke beiseite. »Ja, aber nur bis zur Haustür«, antwortete ich.

»Wo haben Sie Ihre schönen Schuhe?«, fragte er spöttisch.
Ich wollte eigentlich die Straßenbahn nehmen, doch dann wäre die Unterhaltung ja kürzer ausgefallen.

Als wir in der Weiherstraße ankamen, stand meine Mutter vor der Haustür. Sie hielt die zweijährige Rita auf dem Arm. – Rita wurde als drei Tage alter Säugling zu meiner Mutter gebracht. Die Hebamme Margarete kam vor zwei Jahren wie zufällig mit der Kleinen am Fenster unserer Mutter vorbei. Mutter war gerade am Fensterputzen.

»Schwester Margarete, was haben Sie denn da Hübsches? Ist das Ihr Kind?«, fragte meine Mutter.

»Nein, Frau Voigt. Das ist ein kleines Mädchen, dessen Mutter den Vater nicht heiraten kann. Und die Eltern dürfen nichts von dem Kind wissen. Ich suche eine Pflegestelle. Wenn ich keine finde, muss ich die Kleine in ein Heim geben. Wie wär's mit Ihnen? Der Vater zahlt gut für die Pflege.«

Das hörte meine Mutter schon nicht mehr. Sie nahm das Bündel Kind in die Arme und in unsere Familie auf. Die kleine Rita wurde uns quasi durchs Fenster gereicht und war unser aller Sonnenschein. Ab und zu kam die Mutter – eine Lehrerin – vorbei. Sie ging jedes Mal weinend aus dem Haus.

Die kleine Rita blieb bis zum sechsten Lebensjahr bei uns, dann musste sie in die Schule. Das wurde ein Drama. Jetzt erst beichtete die junge Mutter ihren Eltern, dass sie ein Kind hatte. Die Eltern waren geschockt und erfreut zu gleich. Sie machten ihrer Tochter Vorwürfe, dass sie die liebe Kleine so lange verschwiegen hatte.

Die *liebe Kleine* wollte aber nicht zur Mutter und zu den neuen Groß-eltern. Jeden Abend stand die Großmutter vor unserer Tür und bat darum, dass einer von uns mitkomme, um das Kind zu beruhigen, denn es wollte nicht essen und nicht schlafen und schrie ausdauernd nach »Amma« – so nannte sie unsere Mutter. Die machte dies nur zweimal mit, weil auch sie sich von dem Kind nicht trennen konnte. Dann zog die leibliche Mutter mit der kleinen Rita in eine andere Stadt und wir hörte nie wieder etwas von Rita.

Jetzt stand ich mit Töne vor unserer Haustür. Er grüßte meine Mutter sehr höflich und fragte sie, ob er mich am Sonntag zu einem Konzert in den *Hain* ausführen dürfe. Mich fragte er nicht. Dafür traf er auch meinen Bruder Kalli an. Es stellte sich heraus, dass die beiden sich kannten. Kalli hatte nie etwas von einem Freund *Töne* erzählt. Ich war überrascht.

Der *Hain* war unser Bürgerpark und die grüne Lunge in unserer Industriestadt. Schon als kleine Kinder waren wir mit den Eltern ins Grüne des damaligen *Kaiser-Hains* spazieren und spielen ge-gangen. Auch als Schulkinder gab es Ausflüge in den *Hain*, insbe-sondere an den damals sogenannten *Heldengedenktagen*. Im Osten und Süden der Stadt waren die besseren Wohngegenden mit impo-santen Villen. Töne sagte mir: »Eines Tages wohne ich auch in so einer Villa.«

»Dann musst du aber noch viele Trinkgelder sparen«, antwortete ich. Er erzählte mir nämlich, dass er Oberkellner im *Nordstern Haus* am Markt sei. *Na ja,* dachte ich, *wenigstens fährt er nicht in den Pütt ein.*

Wir trafen uns fast jeden Tag, mal verabredet, mal zufällig. Töne war unterhaltsam und redegewandt und er roch so gut. An den ersten Kuss erinnere ich mich an mein Lebensende. Nie wieder wurde ich später so geküsst.

Schon bald konnte ich nicht genug von ihm bekommen. Mit jedem Gedanken und in meinen Träumen malte ich mir ein Leben mit ihm aus. Ich wollte ihn ganz für mich haben.

Meine Neugier zwang mich, ihm hin und wieder *zufällig* zu begegnen, auch wenn wir nicht verabredet waren. Manchmal sah ich ihn in Begleitung anderer hübscher Frauen. Wenn ich ihn danach fragte, waren es immer Arbeitskolleginnen. Das ärgerte mich mächtig, denn ich wollte meinen Töne für mich allein.

Nach meiner erfolgreichen Prüfung als Pelznäherin konnte ich bei Herrn Messling bleiben. Doch auch hier machte sich die schlechte Wirtschaftslage immer mehr bemerkbar. Der Kürschnermeister befürchtete, dass das Geschäft und die Werkstatt schließen müssten. Auch Töne hatte schlechte Karten, um in seine Villa zu ziehen: Er wurde entlassen und fand nur noch Aushilfsstellen. Im *Café Vaterland* erzählte ihm ein Kollege, dass er in den Niederlanden eine gute Arbeit gefunden hätte. Amsterdam sei eine riesige Hafenstadt. Dort gebe es Arbeit ohne Ende.

»Kommst du mit nach Amsterdam?«, fragte er mich.

»Was soll ich da? Glaubst du, die holländischen Frauen benötigen Pelze?«

»Du kannst ja auch etwas anderes machen«, antwortete er.

»Und meine Mutter? Die kann ich nicht allein lassen«, redete ich mich raus. Einerseits reizte mich das Neue und Unbekannte, andererseits hing ich sehr an meiner Mutter und den Geschwistern. »Allein komme ich nicht mit« entschied ich.

»Dann frag' deine Schwester«, drängelte er. »Die hat doch auch gerade keine Arbeit.«

Erst mal müsste ich ja meine Mutter fragen. Schließlich war ich mit meinen 20 Jahren noch nicht volljährig.

Töne hatte eine Idee: »Lass' uns morgen zum Tanz in den Mai gehen. Im Gartenhaus Buschmühle soll es eine Maiveranstaltung mit Tanz geben. Ohne Eintritt«, schlug er vor.

»Da müssen wir ja wieder mit der Straßenbahn fahren und aufpassen, dass wir die letzte Bahn zurück bekommen«, maulte ich rum.

»Du musst nicht mitkommen. Ich find' bestimmt noch eine andere, die mit mir tanzen geht.« Er wurde schnippisch und drohte immer gleich mit anderen Freundinnen, die er kannte. »Du musst auch nicht mit nach Amsterdam kommen. Anneliese kommt bestimmt mit fliegenden Fahnen mit.«

Ich stutzte. »Welche Anneliese?«

»Kennst du nicht.«

Ich war jung und glaubte, dass ein Mann nur eine Frau haben könne.

An diesem Abend begleitete mich Töne nur bis zum Marktplatz. Er müsse noch die Straßenbahn zum Luna-Park kriegen, weil er dort als Aushilfskellner arbeite. Wir gingen verstimmt auseinander.

Zu Hause hörte ich meinen Bruder Kalli auf dem Klavier rumhämmern. Er stand kurz vor seiner Abschlussprüfung zum Klavierbauer.

Das Klavier war der Stolz der Familie. Auch ich wollte unbedingt Klavierspielen. Unsere Mutter hatte am 26. November 1927 durch eisernes Sparen und hartnäckigem Verhandeln das *Herrmann*-Piano für 1.150 Reichsmark von Kallis Lehrbetrieb, der Firma *Schulze zur Wiesch* in der Krüger-Passage am Westenhellweg gekauft. Ohne Unterschrift unseres Vaters wollte der Verkäufer den Vertrag nicht abschließen, doch schließlich war der Vater ja *auswärts*. Wie unsere Mutter den Verkäufer überzeugte, dass sie die Käuferin war, weiß ich leider nicht.

Dafür ging ich neben Beruf und Töne zweimal die Woche zum Klavierunterricht. Ich konnte ganz passabel spielen, allerdings nur mit Noten. Mein Bruder hingegen wurde der Schwarm aller Mädchen. Er spielte sogar Boogie-Woogie ohne Noten. Meine Schwester wurde auf uns Geschwister neidisch. Sie war nicht besonders hübsch, sondern machte einen herben maskulinen Eindruck auf andere. Ihr Blick war meistens finster, als ob sie gleich aus der Haut fahren wollte. Dabei konnte sie auch herzhaft und lauthals lachen, was aber nur selten vorkam. Und maulfaul war sie auch noch im Gegensatz zu mir, die ständig etwas zu erzählen wusste.

Auch wenn es keine leichte Zeit war, insbesondere nicht für unsere Mutter, gingen wir gern tanzen. Fast jedes Wochenende sind meine Geschwister und ich zur *Buschmühle* gepilgert. Es gab genügend junge Männer, die uns Mädchen aufforderten. Natürlich war meistens ich auf der Tanzfläche zu finden. Meine Schwester war manchmal wirklich zu stockig. Dabei war sie eine gute Tänzerin. Zu Hause haben wir einige Male geübt. Sie war um Klassen besser als ich. Aber den Männern war das wahrscheinlich nicht wichtig. Die *Buschmühle* und der *Kaiserhain* sind eng verbunden mit meinen Erinnerungen an eine schöne Kinder- und Jugendzeit.

Wir Kinder waren uns einig, dass wir unserer Mutter nach dem Verschwinden des Vaters beistehen mussten. Die Scheidung setzte ihr seelisch sehr zu. Sie zeigte es zwar nicht, aber wir wussten, dass sie unter dem Makel *geschiedene Frau* sehr litt.

Wir mussten sie auf andere Gedanken bringen. Noch immer trug sie ihre schweren, dunklen Haare zu einer Außenrolle aufgesteckt. Wir fanden das altmodisch: »Mutter, du bist noch jung, siehst aber aus wie aus dem letzten Jahrhundert«, drängelten wir sie. »Los, lass uns zum Friseur gehen, damit du einen modischen Bubikopf geschnitten bekommst.«

»Ach Kinder, hört auf mit dem Gedrängel. Das Haar ist der Schmuck einer jeden Frau und ich bin ja auch aus dem letzten Jahrhundert.«

Wir ließen nicht locker. Doch erst als ihre Freundin Wilhelmine mit neuer Frisur erschien, begab sich unsere Mutter in das Wagnis.

Der Friseur fragte sie dreimal, ob er die Haare wirklich abschneiden solle. »Hätte er noch einmal gefragt, wäre ich aufgestanden und gegangen«, erzählte unsere Mutter. Sie musste immer wieder im Spiegel über der Kommode schauen. Wir fanden, sie sah jetzt noch viel jünger aus. Und im Grunde war sie es mit ihren 37 Jahren ja auch.

Dann hatten wir die Idee, unsere Mutter in einen Badeanzug zu stecken, damit sie uns im Sommer ins *Südbad* begleiten konnte. Sie sträubte sich mit Händen und Füssen. »Ich gehe mit euch ins Südbad, aber nicht in einem Badeanzug!«

Wilhelmine wurde befragt. »So ein Sonnenbad soll ja gesund sein«, überlegte die Freundin. »Kannst du auch schwimmen?«

»Wilhelmine, woher denn?«

»Dann lernst du es eben«, konterte Wilhelmine.

Nun, wir freuten uns, dass unsere Mutter sich traute. Der einfarbige blaue Badeanzug ging ihr bis zu den Knien und betonte noch ihre starken X-Beine. Sie blickte scheu und etwas verlegen in die Linse meines Fotoapparates, den ich mir vom letzten Lohn geleistet hatte.

Wie konnte ich meine Mutter in dieser Situation allein lassen und nach Amsterdam gehen? Das war mir nicht möglich. Wir waren seit dem Weggang unseres Vaters so dicht zusammengerückt, dass ich mir ein Leben ohne Mutter nicht vorstellen konnte.

Abends im Bett fragte ich meine Schwester Maria, was wir machen sollten, um eine Arbeit zu finden. »Eine von uns muss Geld verdienen. Kalli ist noch nicht soweit«, sagte ich.

»Ich würde überall hingehen und jede Arbeit annehmen, wenn es denn eine für mich gäbe«, antwortete Maria.

Ich hakte nach: »Würdest du auch nach Holland gehen?«

»Na klar, das ist doch nicht so weit von zu Hause. Aber wie und was könnte man dort arbeiten?«

Ich erzählte ihr von Tönes Vorschlag. Sie war sofort Feuer und Flamme. So kannte ich meine Schwester nicht. »Es kommt mir vor, als ob du lieber heute als morgen unsere Mutter verlassen willst«, erstaunte ich mich.

»Ich will sie ja nicht verlassen, aber wenn das die Chance zum Geldverdienen ist, dann können wir sie doch viel besser unterstützen.«

Das leuchtete mir ein. »Maria, sprich du mit ihr. Du bist die Ältere von uns beiden.«

»Ach ja, auf einmal soll ich vorgeschickt werden, wo du doch viel inniger mit Mutter bist als ich. Manchmal denke ich, sie wäre froh, mich aus dem Haus zu wissen.«

»Ach Maria, was du denkst. Mutter hat uns alle drei gleich lieb. Und es wird ihr das Herz brechen, wenn wir nicht in ihrer Nähe sind.«

»Wir wissen ja auch nicht, ob wir überhaupt eine Arbeit finden werden«, überlegte Maria weiter. »Ich werde Mutter gleich morgen fragen.«

Als ich abends von der Arbeit kam, hatte ich meine Kündigung in der Tasche. Obwohl ich darauf vorbereitet war, musste ich nun doch bitterlich weinen. Meine Mutter versuchte mich zu trösten und Maria ergriff die Chance, ihr den Holland-Vorschlag zu unterbreiten. Meine Mutter blickte sie skeptisch an.

»Kalli ist ja noch bei dir. Du bist nicht allein. Und wenn wir genug Geld verdient haben, kommen wir regelmäßig nach Hause«, redete sich meine Schwester in Rage.

Meine Mutter fragte mich: »Und du, was denkst du?«

Ich sagte ihr vorsichtshalber nichts von Töne. Trotzdem wurde ich das Gefühl nicht los, dass meine Mutter den Vorschlag durchschaute. Ich antwortete nicht, sondern reichte ihr das Kündigungsschreiben von Herrn Seidel.

»Ich bitte euch beide: Versucht erst, hier in der Nähe eine Arbeit zu finden, bevor Ihr euch ins Ausland begebt.« Ihre Stimme zitterte ein wenig.

Ach, wenn doch unser Vater hier wäre!

Am nächsten Tag suchte ich das Arbeitsamt auf. »Wer will denn jetzt noch Pelze nähen lassen?«, fragte der Sachbearbeiter sarkastisch.

»Ich kann auch andere Sachen nähen, nicht nur Pelze«, antwortete ich gereizt. »Wie ist es mit Arbeit im Ausland?«, wollte ich nun von ihm wissen.

»Pelztiere fangen, was?« Der Kerl wurde mir immer unsympathischer.

»Wenn Sie keine Arbeit hier anbieten können, muss ich mich nach allen Möglichkeiten erkundigen. Schließlich will ich nicht auf Sozialhilfe angewiesen sein«, trumpfte ich nun auf.

Er schickte mich zu einem anderen Sachbearbeiter. Dort wurden Maria und ich nun richtig beraten, was wir beachten müssten, wenn wir tatsächlich in den Niederlanden Arbeit finden würden.

Auf dem Rückweg ging ich bei Töne vorbei. Er wohnte bei seinen Eltern. Ich klingelte. Die Eltern freuten sich, mich mal wieder zu sehen, machten aber einen ziemlich verlegenen Eindruck. Der Kaffeetisch war für vier Personen gedeckt.

»Mutter, wir kommen gleich«, hörte ich Tönes Stimme auf dem Flur und schon schob er eine junge blonde Frau durch die Wohnzimmertür.

Er war perplex. »Marga, du? Was gibt es? Ist was passiert?« Er überschüttete mich mit Fragen.

Ich aber schaute der blonden Frau in die Augen. Sie wurde rot und ich wütend. »Na, dann viel Vergnügen«, wünschte ich schnippisch und drängelte mich zur Tür hinaus.
Ein Glück, dass meine Schwester Maria auf mich gewartet hatte. Ich wollte nicht weinen, aber die Tränen kamen von ganz allein.

»Den Töne können wir vergessen. Der hat schon eine Neue zu seinen Eltern geschleppt. Das war bestimmt diese Anneliese«, heulte ich zu Hause.

Maria versuchte, mich zu trösten. Aber sie konnte ja nicht wissen, wie es war, wenn man von einem Mann so enttäuscht wurde. Obwohl sie älter war als ich, hatte sie noch nie einen Verehrer gehabt.

Meine Mutter heulte mit mir. Es war ihr unerträglich, dass ich womöglich das gleiche Schicksal erleiden sollte wie sie. Immer der Ärger mit den Kerlen!

Als Kalli nach Hause kam, sprach er ein Machtwort:»Was soll das Geheule? Es gibt nicht nur 'ne Handvoll, es gibt das ganze Land voll.«

Sein Trost brachte uns zum Lachen. Die Niederlande schienen vorerst in weiter Ferne.

Ich studierte die Zeitungen, ob ich wohl Stellenangebote finden würde. Meine Mutter saß an der Nähmaschine und besserte Kleidung für die Nachbarschaft aus. Maria spielte mit der kleinen Rita. Deswegen hörten wir das Klingeln nicht.

Wilhelmine wusste aber immer, wie sie sich bemerkbar machen konnte, um mit meiner Mutter ein *Pläuschgen* zu halten.»Alma«, rief sie vor dem Hoffenster meiner Mutter zu,»hier ist ein Brief. Er lag vor der Hoftür. *Für Marga* steht drauf!«

Wir sprangen zugleich auf. Ich war schneller und riss den Brief an mich.

Marga, meine liebe Marga, so fing der Brief an. *Was glaubst du denn von mir? Keine andere als du ist mein Augenstern. Nur mit dir gehe ich überall hin. Ich habe eine Zusage von einem Hotel in Amsterdam. Dort kann ich nächsten Ersten anfangen. Für dich und deine Schwester habe ich mich auch erkundigt. Es gibt genügend Arbeit. Liebe Marga, gib mir oder den Eltern Bescheid, wenn du mitkommen willst. Ich war bei Messling und wollte dich abholen. Aber das Geschäft und die Werkstatt waren geschlossen. Liebe Marga, wir haben nichts zu verlieren. Komm mit! Für immer, dein Töne.*

Maria las den Brief.»Er schreibt gar nicht, wer die Blonde war«, stellte sie fest.

»Wenn er mit mir nach Amsterdam geht, wird er ja wohl keine andere mitnehmen«, behauptete ich. Es kamen mir keine Zweifel auf. Ich war absolut von Tönes Absichten überzeugt. Maria war sicher nur neidisch.

Meine Mutter war ebenso skeptisch. Wir könnten die Sprache nicht, wüssten nichts über unsere Arbeitgeber und wie und wo wir wohnen sollten. Aber sie ließ uns ziehen und brachte uns zum Bahnhof. »Ihr kommt sofort zurück, wenn irgendetwas nicht so sein sollte, wie es euch vom Amt gesagt wurde«, gab sie uns mit auf dem Weg. Vielleicht dachte sie daran, wie sie mit unserem Vater heimlich von Nordhausen ins Ruhrgebiet zog. Wir jedenfalls zogen nicht heimlich in die Welt hinaus.

Der Zug Dortmund-Amsterdam brachte uns schneller hin, als wir gedacht hatten. Und auch Töne erwies sich als zuverlässig – zumindest in diesem Punkt. Er holte uns vom Bahnhof ab und brachte uns in eine Pension.

Wir hatten uns keine Gedanken darüber gemacht, wie wir uns mit den Holländern verständigen wollten. Die Sprache war uns aber nicht ganz unverständig und ich konnte mich nach einer Woche schon verständlich machen.

Meine Schwester fing am nächsten Tag als Haushaltshilfe bei einer Bankiersfamilie an und ich einen Tag später bei einem Zahnarzt. Der holte mich aber gleich als Helferin in seine Praxis. Dort musste ich Reinigungs- und Desinfektionsarbeiten erledigen. Etwas später durfte ich sogar schon Instrumente anreichen und in einem weißen Kittel herumlaufen.

Während ich im Hause des Zahnarztes ein Zimmer bezog, wohnte meine Schwester bei ihrem Bankier. Töne war weiter weg: Er arbeitete an der Küste. Eine aufregende Zeit in Amsterdam begann.

Maria und ich erkundeten an den freien Sonntagen die Stadt. Die Leichtigkeit, mit der die Holländer das Leben gestalteten, war uns neu und gefiel uns außerordentlich gut. Wir konnten allein in die Cafés oder Tanzlokale gehen, ohne dass es – wie bei uns in Deutschland – anstößig erschien.

Im Sommer hatte Töne die Idee, ein Motorboot zu chartern und auf der Nordsee bei Den Helder herumzuschippern. Er arbeitete in einem Strandhotel und hatte es daher nicht weit. An solchen Tagen kamen wir braun gebrannt, müde und hungrig zurück nach Amsterdam.

Als der Sommer zu Ende ging, hatte mein Zahnarzt eine Woche Urlaub genehmigt. Ich wollte Töne überraschen und ihn an einem Wochentag besuchen. In seinem Hotel angekommen, fragte ich nach ihm. Zu meinem großen Erstaunen war er dort nicht bekannt.

»Bitte prüfen Sie das noch mal«, bettelte ich den Portier an. »Herr Finke hat mir gesagt, er würde in diesem Hotel als Oberkellner arbeiten.«

Der Portier führte ein paar Telefongespräche und verneinte erneut.

Ich stand da, wie ein begossener Pudel. Erst jetzt fiel mir auf, dass wir uns immer nur am Strand oder in einem der vielen Bistros getroffen hatten. Die Briefe, die wir uns hin und wieder schrieben, waren immer postlagernd abgeschickt.

Ich machte mich auf den Rückweg zum Bahnhof von Den Helder.

Hinter mir hörte ich ein vertrautes Lachen und drehte mich um. Die Blondine, die meinen Töne in den Armen hielt, kam mir bekannt vor. Ich blieb abrupt stehen und die beiden liefen förmlich in mich hinein.

Töne machte große Augen. »Marga, es ist nicht das, wonach es aussieht«, sagte er nach einer endlosen Weile.

Doch die Blondine gab ihm einen Stoß in die Rippen. »Nun sag' es ihr schon, dass wir heiraten werden«, forderte sie.

Ich bekam keinen Ton heraus, auch, weil ich nicht anfangen wollte zu heulen.

Ich weiß nicht mehr, wie ich in den Zug einstieg und in meinem Zimmer landete. Maria war auch nicht zu erreichen. Sie wollte unsere Mutter in Dortmund für ein paar Tage besuchen.

Am nächsten Tag stand Töne vor der Zahnarztpraxis. Er wolle mir alles erklären. Ich aber wollte nur wissen, warum er mich angelogen hatte. Ja, es wäre richtig, dass er heiraten wolle – nein, er müsse heiraten!

»Warum lügst du mich ständig an? Das erkläre mir mal. Und wie stehe ich denn da, wenn dich in dem Hotel keiner kennt?« Ich wurde wütend. »Es ist besser, du gehst jetzt!«, forderte ich ihn auf.

»Marga, in wenigen Tagen ist die Saison sowieso zu Ende. Mein Vertrag geht nur bis zum Monatsende, dann muss ich zurück nach Deutschland.«

»Na bravo«, rief ich. »Mein Vertrag geht noch bis zum Jahresende. Das hast du ja schön hingekriegt. Du lügst dich von einem Satz zum nächsten. Also geh' jetzt lieber, ehe ich einen Schreikrampf bekomme.« Ich ließ ihn stehen und stürmte die Treppe hinauf in die Praxis.

Dann hörte ich lange nichts von Töne, bis ein Brief kam. Er habe zwar geheiratet, aber nur, weil Anneliese damals in Amsterdam gesagt hätte, sie sei schwanger. Es hätte sich aber herausgestellt, dass das nicht stimmte. Er überlege, ob er sich scheiden lassen sollte. Ich las den Brief mehrmals.

An einem nasskalten Oktobertag wachte ich durch heftige Schmerzen in Armen und Beinen auf. Ich wollte das Bett verlassen, konnte mich aber nicht bewegen! Was war das? Ich rief laut um Hilfe.

Endlich kam die Frau des Zahnarztes. »Hoe zit het met jou? Oh, dat lijkt me voor reuma.«

Sie meinte, ich hätte durch die nasse Kälte, die in dieser Jahreszeit von den Grachten heraufzog, die *Steifigkeit*.

Die nächsten Tage wurden nicht besser und ich bat meinen Zahnarzt, mich aus seinem Dienst zu entlassen.

Wieder kam ein Brief von Töne. Mein Herz und meine Finger bebten, als ich den Brief öffnete. Ich hätte lange nichts von mir hören lassen, schrieb er, er wäre von zu Hause ausgezogen. Es war ein wildes Durcheinander in mir. Wo war ich nur dran mit ihm? Wie konnte ich ihm noch vertrauen? Ich schrieb meiner Mutter, dass ich wieder zurückkäme und ob ich wieder bei ihr wohnen könne.

Meine Mutter empfing mich mit offenen Armen. Sie war glücklich, nun alle drei erwachsene Kinder wieder um sich zu haben. Ich war unglücklich und wusste nicht, was ich wollte. Als Erstes ging ich in die Franziskaner-Straße, wo *Töne* angeblich ausgezogen war. Ich klapperte alle Hausnummern ab, in der Hoffnung, seinen Namen auf den Klingeln nicht zu finden. Ich fand ein Klingelschild – mit seinem Namen.

Ich stieg die Treppen hinauf und stand vor der Wohnungstür. Ich klingelte. Es schien niemand da zu sein. Gerade wollte ich gehen, da hörte ich Schritte in der Wohnung. Die Tür öffnete sich und die Blondine stand vor mir.

»Haben Sie es immer noch nicht begriffen?«, fauchte sie mich an und hielt mir ihren rechten Ringfinger unter die Nase. »Wir sind verheiratet! Laßen Sie uns endlich in Frieden!« Sie schlug die Tür zu.

Wieder stand ich wie ein begossener Pudel da. Ich stürmte die Treppen hinunter. Nach Hause, nur schnell nach Hause. Diese Kränkung, diese Enttäuschung. Warum machte er das? Warum erzählte er mir, er sei ausgezogen und wolle sich scheiden lassen?

Zorn und Hass krochen in mir hoch. Aber nicht auf Töne, vielmehr auf seine Ehefrau. Die hatte Töne in Den Helder übertölpelt. Ganz sicher. Der war jedes Mittel recht. Davon war ich überzeugt.

Zu Hause in der Weiherstraße konnte ich über das Erlebte nicht reden. Ich zitterte am ganzen Körper. Meine Mutter glaubte, dass wäre noch die Auswirkung vom nassen Holland und steckte mich mit einer Wärmflasche ins Bett.
Endlich fing ich an zu heulen.

Nach einer Woche bekam meine Mutter Angst um mich, weil ich nicht aus dem Bett kam, ständig Fieber hatte und nichts essen wollte. Der Arzt kam und sagte, es sei wohl ein Nervenfieber. Meine Gedanken drehten sich im Kreis. Ich musste Töne vergessen, ich musste mir dringend eine neue Arbeit suchen. So kam ich einfach nicht zur Ruhe. Aber ich liebte ihn doch so sehr.

Meine Mutter umsorgte mich liebevoll und an einem kalten Dezembertag konnte ich das erste Mal aufstehen. Langsam kehrten meine Lebensgeister zurück. Geschwächt aber voller Zuversicht machte ich mich auf zu meinem alten Lehrherrn Seidel. Er schickte mich zum *Modehaus Messling*, Herr Messling suchte wieder eine Verkäuferin.
Zwei Wochen später stand ich im Verkaufsraum und führte Pelze vor. Die Kundschaft wurde wieder zahlreicher, jetzt wo die neue Partei am Ruder war. Mir sollte es recht sein. Das Ändern der kostbaren Pelze bereitete mir viel Freude und der Kürschnermeister Seidel war hoch zufrieden mit seinem früheren Lehrmädchen.

Eines Tages stand Töne am hinteren Ausgang.
Ich erschrak. »Was willst du?«
»Marga, ich kann ohne dich nicht leben. Ich möchte mit dir zusammensein. Bitte! Lass uns einen Ausflug machen, bei dem wir uns in aller Ruhe aussprechen können. Wie wäre es mit Köln?«
Ich sollte ihn zappeln lassen, dachte ich, aber nicht er, sondern mein dummes Herz zappelte. Wie sehr hatte ich mich nach ihm

gesehnt, wie sehr hatte ich ihn vermisst. Eine Spur zu schnell sagte ich: »Ja, gern, können wir machen.«

Als wir uns am Bahnhof trafen, bemerkte ich sofort, dass er keinen Ring an der rechten Hand trug. Das hatte doch was zu bedeuten! Vielleicht war er ja schon geschieden. Wenn keine Kinder da waren, sollte das wohl schnell gehen, hoffte ich. Und sicher wollte er in Köln einen Ring für mich kaufen.

Ich hatte mich besonders schick gekleidet, mit einem Sommerfuchskragen und einem Panamahut. Meine schlanke Figur paßte grandios in das elegante Kostüm. Auch Töne sah in seinem Anzug und dem passenden Hut wie aus dem Ei gepellt aus. Er war einen Kopf größer als ich. Sein ebenmäßiges Gesicht mit den vollen Lippen und den neugierigen Augen konnte eine Frau schwach machen. Er hatte einfach so ein Carisma, das ihn unwiderstehlich machte.

Wir standen vor dem Kölner Dom. »Es wäre doch schön, wenn wir jetzt ein Erinnerungsfoto machen könnten«, sagte ich.

In diesem Moment kam tatsächlich ein Fotograf die Stufen zum Dom herauf und machte das Foto meines Lebens und meiner Liebe.

Ich blieb vor jedem Juwelierschaufenster stehen, aber Töne reagierte nicht. Er zog mich in ein Gasthaus. Es kam mir vor, als sei er hier bekannt. Wir bestellten zu essen und zu trinken.

»Anton« – ich wurde förmlich – »wir könnten doch jetzt heiraten. Ich bin nun auch schon dreiundzwanzig Jahre alt. Ich will nicht länger warten, bis du dich entschieden hast.« Nun hatte ich ihm den Heiratsantrag gemacht!

Er schaute mich lange an und sagte nichts. Dann auf einmal: »Ja, das möchte ich auch. Du weißt, ich bin noch verheiratet. Die Scheidung dauert an. Meine Frau will keine Scheidung. Sie kämpft um unsere Ehe. Hab' Geduld!«, bat er.

Eine Kellnerin trat an unseren Tisch. Sie war sehr hübsch anzusehen. »Töne«, rief sie aus, »dass du dich mal wieder blicken läßt. Willst du mich nicht bekannt machen?«

Er wurde kein bißchen verlegen, stand höflich auf und stellte mich vor: »Das ist Marga, eine langjährige Freundin.«

Hörte ich richtig? Langjährige Freundin? Ich fühlte mich als seine zukünftige Frau!

Die hübsche Kellnerin lachte: »Soso, noch eine. Na, denn noch viel Spaß.«

Ich stand auf, stieß den Stuhl um und verließ bebend vor Zorn das Gasthaus.

Töne holte mich außer Atem am Bahnhof ein. »Marga, was soll das denn? Du bist aber auch immer gleich pikiert! Hömma, es war doch nichts«, stellt er fest. Wenn er aufgeregt war, verfiel er in den Dortmunder Dialekt.

»Töne, wenn du selbst in Köln bei den Frauen bekannt bist wie ein bunter Hund, was soll ich davon halten?«

»Marga, seit wir uns kennen weißt du, dass ich Kellner bin. Und da lernt man viele Menschen kennen. Ja, und auch viele Frauen. Es ist in heutiger Zeit besser, du weißt nicht alles, was einigen Menschen so passiert. Denen helfe ich dann hin und wieder. Es gibt keinen Grund zur Eifersucht. Du bist immer so bestimmend, kannst alles und weißt alles besser. Dabei ist vieles nicht so, wie du dir einredest. Und nun frage mich nie mehr danach und behalte das Gesagte unbedingt für dich.«

Das fiel mir unwahrscheinlich schwer. Ich wollte doch nur wissen, wo ich mit ihm dran war. Er machte alles so spannend und forderte meine Neugier heraus. Aber diesmal glaubte ich seinen Worten nur zu gern. Und deswegen freute ich mich sehr über die Fotos, die nach unserem kleinen Ausflug eintrafen.

Jetzt wollte ich einfach Nägel mit Köpfen machen, indem ich überall rumerzählte, dass Töne und ich nächstes Jahr heiraten wollten. Meine Schwester Maria überreichte ich eines der Fotos. Auf die Rückseite schrieb ich: *Zur Erinnerung an deine Schwester Marga und zukünftigen Schwager Anton.*

Etwas spitz sagte sie: »Na, denn viel Glück!«

Ich überlegte, ob ich die Noch-Ehefrau von Töne aufsuchen sollte, um ihr klarzumachen, dass ihre Ehe nur auf dem Papier bestand. Ich ließ es aber bleiben, weil Töne dann vermutlich ziemlich ärgerlich geworden wäre. Unsere Treffen waren in letzter Zeit weniger geworden.

Inzwischen schrieben wir schon das Jahr 1937. Zu unser aller Überraschung war Maria die Erste, die einen Mann gefunden hatte und heiraten wollte. Ich wusste gar nicht, dass sie einen Verehrer hatte. Na ja, es hatte mich auch nicht allzu sehr interessiert. Ich war wie immer viel zu sehr mit meinem Schicksal beschäftigt. Unsere Mutter hatte Leo Busch aus Herford nur einmal zu Gesicht bekommen. Er war kleiner als meine Schwester und in der Mitte ziemlich rund, mit vorstehender Stirn und sinnlichen Lippen. Im Dezember 1937 stand die Hochzeit bevor. Beide hatten nicht viel Geld und unsere Mutter hatte sich mühevoll für uns beiden Mädchen etwas Aussteuer vom Munde abgespart. Die Hochzeit war im kleinen Rahmen in unserem Elternhaus in der Weiherstraße 19. Maria war überaus glücklich und stolz. »Siehst du, wer zu lange zögert und zu wählerisch ist, wird eine alte Jungfer«, raunte sie mir auf dem Standesamt zu. Sie zog mit ihrem Leo nach Herford in die Lessingstraße, wo sie bis zu ihrem Tode im Jahr 1970 wohnten.

Und dann sah ich Töne. Zusammen mit seiner blonden Noch-Ehefrau gingen sie den Ostenhellweg an unseren Schaufenstern vorbei … und schoben einen Kinderwagen vor sich her! Ich starrte an den Schaufensterpuppen vorbei auf die Straße. Ein Traum. Ein böser Traum … Ein Albtraum! Ich musste mir Gewissheit verschaffen, dass ich mich nicht getäuscht hatte. Wie betäubt machte ich Feierabend und merkte nicht, dass mir die Tränen den Hals herunterliefen.

Meine Mutter war mal wieder meine Rettung. Nachdem ich ihr unter Schluchzen das Gesehene berichtete, kochte sie mir Tee und gab mir ein Stück vom selbstgebackenen Kuchen. Sie versprach,

Töne aufzusuchen und eine Erklärung zu verlangen. Sie sagte: »Er hat dir ja fast ein Heiratsversprechen gegeben. So geht das ja nun auch nicht.«

Ich bat sie, das nicht zu tun.

Vor Weihnachten machte ich viele Überstunden. Trotz der vielen Arbeit ging mir Töne nicht aus dem Kopf. Er hatte sich in den letzten Wochen nicht mehr blicken lassen und ich war zu stolz, um ihm zu schreiben oder ihn aufzusuchen, um eine Erklärung zu verlangen.

Meine Mutter bemerkte meine geistige Abwesenheit. Überhaupt machte sie sich viele Gedanken, warum ihre Lieblingstochter keinen Mann abkriegen sollte. Ich war schließlich schon 24 Jahre alt. Sie teilte ihre Sorgen mit ihrer Freundin Wilhelmine, die wie jeden Vormittag in der Küche meiner Mutter saß und mit ihr klönen wollte.

»Alma, du musst mit deiner Marga ausgehen. Wir haben so viele schöne seriöse Tanzlokale und Cafes. Nicht nur im Cafe Vaterland ist Nachmittags und am Wochenende was los. Und überhaupt: Du bist auch viel zu jung, um allein zu bleiben. Deine Kinder sind eines Tages weg, und dann?«

»Ich habe auch schon daran gedacht«, antwortete meine Mutter. »Aber wer will schon eine geschiedene Frau mit drei Kindern?«

So kam es, dass meine Mutter mich für die Weihnachtseinkäufe begleitete. Sie hatte zwar kein großes Einkommen – lediglich den Unterhalt für die kleine Rita und das bisschen Miete von dem untervermieteten Zimmer – aber wir Kinder haben sie gern und ohne Murren unterstützt, sobald wir über eigenes Geld verfügten. Das war für uns eine Selbstverständlichkeit. Ich erinnere mich mit großer Freude an die vorweihnachtlichen Einkaufsrunden. Überhaupt war Dortmund *die* Einkaufsstadt. Das Bummeln und Gucken und Prüfen – heute sagen wir *Shoppen* – war schon eine Leidenschaft von mir.

Mit müden Beinen und bepackt wie die Esel landeten wir in einem Cafe, in dem auch eine Tanzkapelle zum nachmittäglichen Cafe aufspielte.

»Meine Füße, Margalein, komm, ich lade dich zu Kaffee und Kuchen ein.«

Das kannte ich von meiner Mutter nicht. Sonst hieß es immer: »Essen und trinken ist zu Hause besser und billiger.« Und nun das.

Rein zufällig standen wir vor dem *Cafe Vaterland*. Die weihnachtliche Dekoration und der einsetzende Regen ließen uns schnell drinnen verschwinden.

»Hoffentlich arbeitet Töne hier nicht«, entfuhr es mir.

»Und wenn, dann machst du kein Theater wegen dem«, erwiderte meine Mutter.

Aber es war kein Töne da. Ein freundlicher Kellner wies uns zwei Plätze zu und nahm uns die Pakete und Mäntel ab. Eine Tanzkapelle spielte einen langsamen Foxtrott. Die Tanzfläche blieb leer. Kaffee und Kuchen taten uns beiden gut. Mir fiel erst jetzt auf, dass Mutter ihr Sonntagskleid trug, das sie mit einem weißen Kragen und Manschetten aufgemöbelt hatte. Eine Angewohnheit, die ich später übernommen habe. Es gab kein neues Kleid, an das ich nicht Kragen und Manschetten nähte.

»Gnädige Frau, darf ich um diesen Tanz bitten?«

Groß, schlank, elegant gekleidet und mit perfektem Haarschnitt stand der Mann vor uns … und forderte meine Mutter zum Tanz auf! Da wurde mir mal wieder bewusst, wie jung unsere Mutter war.

»Nein, danke, ich bin nicht gut zu Fuß. Aber meine Tochter hat sicher nichts gegen ein Tänzchen, nicht wahr, Marga?«

Reflexartig stand ich auf und hakte mich in dem angebotenen Arm ein. Ich konnte nicht ahnen, dass das in einer Ehe enden würde.

Der Mann konnte exzellent tanzen. Er sah gut aus und hatte vollendete Manieren. Als er mich zum Tisch zurückbrachte, fragte er meine Mutter, ob er uns die Pakete nach Hause bringen dürfe.

Mutter hatte absolut nichts dagegen. Ich war skeptisch. Irgendwie war der zu glatt.

Er stellte sich vor: »Mein Name ist Kühn, Hans Kühn.«

Wenn es die Filme damals schon gegeben hätte, hätte er auch sagen können: *Mein Name ist Bond, James Bond.*

Er sei Werkzeugmacher bei *Hösch* hier in Dortmund. Das war alles, was ich von ihm wusste, als ich vier Wochen später seinen Heiratsantrag annahm und wir uns am Silvesterabend verlobten. Töne war mir egal. Der würde sich wundern, wenn er meine Heiratsanzeige in der Zeitung las.

Ach, nie könnte ich einen anderen Mann so lieben wie Töne. Hans Kühn war der Notnagel, mein Racheengel für erlittene Schmach durch Töne. Das war unrecht von mir und ich wusste das.

Im kommenden Frühling wollten Kühn und ich heirateten. Bis dahin war noch viel zu tun und zu klären. Sollte man kirchlich heiraten? »Nein«, entschied Kühn, »das ist nicht mehr modern, außerdem kostet es zu viel.« Das hätte mich schon stutzig machen sollen. Ich war enttäuscht, wollte ich doch in unserer *Reinoldi-Kirche* heiraten. Sollte ich nach der Hochzeit weiter arbeiten gehen? Selbstverständlich sollte ich weiter Pelze nähen, dass sei doch ein schöner Beruf und meinen Lohn würde er schon richtig verwalten. Wenn wir Kinder hätten, könnten unsere Mütter darauf aufpassen. Wo wir wohnen sollten? In dem Haus, wo seine Eltern wohnten, würde eine Wohnung frei werden. Das wäre sehr praktisch. Man könne jeden Tag gemeinsam mit seinen Eltern zu Abend essen. Die Wohnung müsse natürlich noch möbliert werden. Was ich denn an Aussteuer mitbringe. – An Aussteuer hatte ich nicht gedacht.

Meine Mutter wunderte sich nur ein klein wenig. Sie war nach wie vor von Hans Kühn angetan. »Das mit der Aussteuer bekommen wir bis zur Hochzeit hin«, tröstete sie mich.

Das war in unserer schönen *Einkaufsstadt* seit einiger Zeit aber nicht mehr ganz so einfach. Als ich aus Holland zurückkehrte, waren viele jüdische Geschäfte geschlossen.

Mein Bruder brachte eine Ausgabe der Tageszeitung *Rote Erde* mit nach Hause. Meine Mutter erblickte ihre Freundin Wilhelmine dort abgebildet, als Boykott-Brecherin, weil sie angeblich in einem jüdischen Geschäft eingekauft hätte. Davon hatte Wilhelmine ihr nichts erzählt. Sie kam aber noch am selben Abend völlig aufgelöst zu unserer Mutter.

»Alma, stell dir vor, sie haben mich als Judensympathisantin diffamiert! Was soll ich nur tun? Ich war doch in dem Geschäft, um nach einem Hochzeitsgeschenk für Marga zu suchen. Hoffentlich werde ich nicht verhaftet! Ich komme mir vor, wie eine Schwerverbrecherin«, klagte sie ängstlich. Sie bibberte vor Angst. Nein, sie wurde nicht verhaftet. Sie wurde vorgeladen und musste eine Belehrung über sich ergehen lassen, mit Androhung von Strafe, wenn sie noch einmal ein jüdisches Geschäft betreten sollte. Von da an machten Wilhelmine und meine Mutter einen großen Bogen um die wenigen Geschäfte, von denen sie wussten, dass ihre jüdischen Besitzer noch ausharrten.

Eine Woche nach meinem 25. Geburtstag war es soweit. Ich hatte mir bei Messling ein taubenblaues Taftkleid mit eingestickten Margariten ausgesucht. Es überstand diese und eine weitere Ehe. Dazu die neuen Seidenstrümpfe – purer Luxus. Das kurze Pelzbolerojäckchen war die Krönung. Hans Kühn war beeindruckt.

Es gab eine kleine Feier bei uns zu Hause. Seine Eltern und sein Bruder waren dabei, sowie meine Mutter und die Geschwister. Meinen Vater vermisste ich sehr. Er war bis zu diesem Tag nicht wieder aufgetaucht. Als Hochzeitsgeschenk spendierten die Eltern von Hans eine Hochzeitsreise nach Königswinter. Sehr vornehm. Ich war stolz auf den goldenen Ehering an meiner rechten Hand. Eine Zeitungsanzeige gab es nicht. Hans meinte, das Geld könnten wir lieber für die Reise sparen. Schade, so konnte ich Töne leider nicht ärgern. Hans wusste von Töne, allerdings nicht, wie intensiv die Beziehung gewesen ist.

Die Hochzeitsreise nach Königswinter bekam einen kleinen Wehrmutstropfen, weil wir uns nicht gleich im Anschluss an die Feier auf den Weg machten, sondern erst im Sommer, und weil wir nicht allein fuhren: Der Bruder von Hans fuhr mit uns. Scheinbar als Zahlmeister, denn ich sah kein einziges Mal, dass mein angetrauter Hans die Geldbörse zückte, um etwas zu bezahlen. Die eine Woche habe ich trotzdem in guter Erinnerung. Es war sehr warm und wir sind im Rhein geschwommen. Das würde heute keiner mehr wagen.

Zurück in unserer kleinen Wohnung in der Hansastraße war ich selig mit der Ausgestaltung der Räume beschäftigt.

Ich hatte es mir angewöhnt, jeden Tag nach Feierabend zuerst bei meiner Mutter und Kalli vorbeizuschauen. An einem dieser Tage saß Töne im Wohnzimmer meiner Mutter! Nach dem ersten Schrecken hielt ich ihm demonstrativ meine rechte Hand zur Begrüßung unter die Nase, damit er nur ja den Ehering sah.

»Ich wollte Kalli besuchen«, redete er sich raus.

Mir war klar, dass er mich sehen wollte.

»Du sieht gut aus, liebe Marga« schmeichelte er mir.

»Ich bin auch sehr glücklich«, antwortete ich etwas zu schnippisch.

Mutter rettete die Situation, indem sie sagte, dass Kalli nicht zu Hause wäre und sie auch nicht wüsste, wann er eintreffen würde. So musste Töne wohl oder übel das Feld verlassen. Ich gönnte es ihm, aber mein Herz lag vor seinen Füssen. Er hatte es nur nicht bemerkt – dachte ich.

Als ich an diesem Abend in die Hansastraße zurückkehrte, machte Hans mir eine Szene. Er würde es nicht mehr zulassen, dass ich jeden Abend in der Weiherstraße *herumhänge*. Wer weiß, wen ich da alles treffen würde. Und überhaupt, wo mein Lohn abgeblieben sei, den ich gestern erhalten hätte. Herr Messling hätte ihm erklärt, dass der Lohn immer pünktlich gezahlt würde.

Ich war zuerst sprachlos, dann wütend. »Wie kommst du dazu, Herrn Messling nach meinem Lohn zu fragen?«

»Als Ehemann habe ich das Recht und die Pflicht, das Familieneinkommen zu verwalten. Wer weiß, was du sonst damit anfängst.«

»Was machts du denn mit meinem Geld?«, fragte ich aufgebracht.

Jeden Samstag, wenn ich meinen Lohn nach Hause brachte, rechnete Hans mir vor, wieviel ich schon wieder gekostet hätte: Friseur, Strümpfe, Seife und, und, und. Wir stritten jeden Samstag um die Groschen. Es hing mir zum Hals raus. Dabei durfte er nicht erfahren, dass ich den Lohn für einen Teil der Überstunden meiner Mutter gab.

Das Schlimmste aber war, dass mein Mann mir den Besuch bei meiner Mutter verwehrte. Ich ging trotzdem immer wieder zu ihr. Mit ihr konnte ich alles besprechen, sie gab mir Rat und Halt. Insgeheim hoffte ich jedes Mal, dass ich Töne treffen würde. Aber der ließ sich nicht mehr blicken. Meine Mutter hatte ihm dringend abgeraten, aber das erfuhr ich erst viel später.

Hans wusste, dass ich gern fotografierte. Vor unserer Ehe hatte ich schon einen Fotoapparat. In letzter Zeit war dieser Spaß zu kurz gekommen, nicht zuletzt deswegen, weil ich von Hans kein Geld für Filme und Entwicklung erhielt. »Es reicht, wenn einer in der Familie dieses teure Hobby hat«, war seine Erklärung.

An einem Samstag kam ich früher nach Hause. Es war nicht viel zu tun in der Kürschnerei und meine Mutter war zur Geburtstagfeier ihrer Busenfreundin eingeladen. Ich erledigte noch ein paar Lebensmitteleinkäufe für Sonntag und schleppte die Taschen in die Küche. Über dem Herd war eine Leine gespannt. Was hing da denn dran? Ich erkannte sofort, dass es Negative einer Filmrolle waren. Die hingen da zum Trocknen. Ich war neugierig und nahm eines der Negative von der Leine, hielt es gegen das Licht des Fensters. Was ich sah, verschlug mir die Sprache.

In diesem Augenblick stand Hans in der Küche und riß mir das Negativ aus der Hand.

»Das geht dich nichts an. Die gehören meinem Bruder«, fauchte er.

»Und wieso hängen die Dinger dann über unserem Küchenherd zum Trocknen? Das kann er auch in seiner Wohnung machen«, fragte ich trotzig. »Aber da hätte er wohl Angst, dass eure Mutter über die nackten Damen und Herren stolpert.« Ich war aufgebracht: »Vielleicht sollte ich mal prüfen, wo du in meiner Abwesenheit bist und was du so treibst.«

Die verrenkten nackten Leiber auf den Negativen gingen mir nicht aus dem Kopf. Ob solche Fotografien überhaupt erlaubt waren? Auf jeden Fall lagen nie wieder Negative oder Fotoabzüge bei uns herum. Auch die Kamera von Hans fand ich nicht mehr, trotz intensiven Suchens.

Eines Abends eröffnete er mir, dass er eine gut bezahlte Stelle bei Tyssen in Königsberg angenommen habe. Nächste Woche würden wir beide dort hinreisen, um uns eine geeignete Wohnung zu suchen.

»Nein!«, rief ich. »Das kommt für mich nicht infrage! Ich werde meine Mutter hier nicht allein zurücklassen!«

Hans blieb ruhig und sagte: »Du meinst wohl, du kannst deinen Töne nicht zurücklassen. Glaubst du, ich weiß nicht, dass du dich mit ihm triffst? Sogar bei deiner Mutter! Meine Eltern, mein Bruder – alle haben euch gesehen. In Königsberg können wir neu anfangen und den Töne kannst du dir aus dem Kopf schlagen. Wir sind Mann und Frau und sollten nun auch bald Kinder kriegen. Meine Eltern und Kollegen machen schon anzügliche Bemerkungen.«

»Und du kannst dir aus dem Kopf schlagen, dass ich mit dir nach Russland gehe«, kreischte ich. »Außerdem stimmt das nicht mit Töne. Ich habe ihn nur einmal bei meiner Mutter gesehen und da war er mit meinem Bruder verabredet. Ich habe mir nichts vorzuwerfen und war immer treu!«

»Von Russland ist keine Rede, sondern von Königsberg. Und das mit dem Töne und dir wird nie zu Ende gehen. Ich hätte es wissen müssen!«

Das hatte er richtig erkannt. Hans erwartete von mir, dass ich für die nächste Woche Urlaub nähme, die Koffer packe und mich von meiner Mutter verabschiede.

»Ja, ich werde zu meiner Mutter gehen, aber nicht um mich zu verabschieden.«

Am nächsten Tag bekam ich hohes Fieber, Kopfschmerzen, die Gelenke schwollen an. Ich konnte mich nicht bewegen. Hans schaute mich ärgerlich an, als hätte ich die Krankheit herbeigezaubert. Er musste notgedrungen allein nach Königsberg fahren. Ich war froh über diesen Verlauf. Mühsam schleppte ich mich zu meiner Mutter. Sie erschrak, als sie mich sah. Kaum war ich bei ihr, bekam ich einen heftigen Schüttelfrost. Der Arzt kam und sagte, dass ich einen Nervenzusammenbruch hätte. Ich bräuchte dringend Ruhe, besser wäre eine Kur.

Ein paar Tage später brachte mein Schwager Post von Hans. Er forderte mich ultimativ auf, sofort zu ihm nach Königsberg zu kommen. Er habe eine Wohnung in Aussicht und ich sollte mir diese anschauen. Ich schrieb ihm, ich sei immer noch krank und nicht reisefähig. Außerdem käme es nach wie vor für mich nicht infrage, nach Königsberg zu ziehen.

Die nächste Post kam von einem Rechtsanwalt. Im Namen seines Mandanten, Hans Kühn, habe er mich aufzufordern, dem Ehemann nach Königsberg zu folgen, da ansonsten Scheidungsantrag gegen mich gestellt werden würde.

So kam es, dass ich nach einem knappen Jahr Ehe von Hans Kühn geschieden wurde – als schuldiger Teil wegen böswilligen Verlassens der Ehegemeinschaft.

Meine Mutter war unendlich traurig über diese Schmach. Nicht nur sie, sondern jetzt auch noch ihre jüngste Tochter eine

Geschiedene. Mit diesem Makel würde ich keinen anständigen Mann mehr finden.

Die Eltern meiner besten Freundin, Tilla, die Edmund geheiratet hatte, halfen mir, meine mitgebrachte Aussteuer und die Möbel, die von meinem Lohn bezahlt waren, aus der ehelichen Wohnung zu holen und in der Spedition einzulagern.

Diese wiedererlangte Freiheit machte mich von einem auf den anderen Tag gesund.

Die Scheidung zog sich fast ein ganzes Jahr hin. Ich hatte einige Federn zu lassen, sah grau und verhärmt aus, aber mit jedem Tag, den ich nicht mehr an Kühn denken musste, ging es mir besser. Nur dass ich jetzt für immer seinen Namen behalten sollte, ärgerte mich.

Und dann stand Töne wieder vor Messlings Schaufenster. Wir sahen uns an. Seine bernsteinfarbenen Augen schimmerten feucht. Er legte zögernd die Hand an die Schaufensterscheibe und ich hielt meine Hand wie in Trance dagegen. Nur das kühle Glas war zwischen uns und es war wieder geschehen. Er deutete wieder auf meine Schuhe und lächelte fast schüchtern. Der alte Zauber wirkte immer noch. Jetzt war ich aber vorsichtiger, als Töne mir erzählte, er wolle sich von seiner Frau trennen und habe endgültig vor, aus der ehelichen Wohnung auszuziehen.

An einem schönen Sommerabend kam ich von einer Verabredung mit Töne nach Hause. Wir waren in der *Buschmühle* zum Tanzen gewesen. Meine Mutter saß nicht allein in der Küche – mein Vater saß ihr gegenüber am Tisch. Mutter hatte ein Taschentuch in der Hand zerknüllt und rot verweinte Augen. Mein Vater stand auf und begrüßte mich freudig. Ich freute mich auch, aber als ich meine Mutter ansah, wurde ich auf ihn wütend. Er verabschiedete sich dann auch ganz schnell.

»Was hat er gesagt?«, fragte ich meine Mutter.

Sie zögerte.

»Er hat gesagt«, schluchzte sie, »pfui, eine anständige Frau lässt sich nicht scheiden.«

»Das darf doch nicht wahr sein! Und er hat keinen Ton gesagt, wo er über zehn Jahre abgeblieben ist?«

»Doch, er war mit einer Gastwirtsfrau in der Eifel zusammen.«

»Und dir wirft er vor, dass du dich hast scheiden lassen? Also das ist doch nicht unser Vater.«

Ich war außer mir, vor allem, weil ich meine Mutter nicht trösten konnte. Meine Mutter war noch jung und hätte sicher nichts dagegen gehabt, unseren Vater wieder aufzunehmen. Aber gottlob war ein Zimmer fest vermietet.

Ich lief zur Haustür und hinter ihm her. »Vater, wo willst du hin?«, rief ich.

Er dreht sich um. Zögernd sagte er: »Ich werde wohl zu meiner Schwester, Tante Emmi, nach Wiedenbrück fahren.«

»Vater, wie konnte das alles nur geschehen?« Ich hakte mich bei ihm unter.

»Ach, Mädchen, wenn ich das nur wüsste. Es war eine schwere Zeit für uns Männer. Eure Mutter war so … wie soll ich sagen … so selbstständig und selbstbewusst, als ich aus dem Krieg kam. Sie konnte alles, sie wusste alles, sie bestimmte alles. Sie hatte einen Freundeskreis aufgebaut. Die Kriegsjahre haben sie verändert. Als ich zurück kam, erwartete ich, dass alles so geblieben war, wie ich es in Erinnerung hatte. Ich war erst erstaunt und dann auch stolz auf meine neue Alma. Aber immer mehr fühlte ich mich in den Hintergrund gedrängt. Es war bestimmt keine böse Absicht von eurer Mutter. Und in der Eifel schien alles so einfach, als ob die Welt dort stehen geblieben war. Und Kneipen sind dort eine sichere Bank.«

»Aber für Mutter war es viel, viel schwerer. Und der Krieg hat dich auch verändert, nicht nur die Mutter. Hast du daran nicht gedacht?«

»Doch sicher, ich wollte euch alle nachholen. Aber irgendwie habe ich den Zeitpunkt verpasst.«

»Es wäre nie zu spät gewesen«, rief ich.

»Ja, das dachte ich jetzt auch. Deswegen bin ich zurückgekommen«, antwortete er. »Du bist noch so jung. Vielleicht verstehst du mein Verhalten in späteren Jahren einmal«, hoffte er.

Was er nicht erzählte war, dass seine Gastwirtsfrau ihn vor die Tür gesetzt hatte, weil er der beste Kunde in der Kneipe war.

Ich trabte zurück zur Weiherstraße, um meine Mutter zu trösten.

Sie sagte mehr zu sich selbst als zu mir: »Ich kann ihn nicht zurücknehmen. Ich bin doch schon einem anderen Mann versprochen.«

Erstaunt blickte ich sie an. Was meinte sie, was war los?

Die Begegnung mit meinem Vater und die Erinnerung an die Zeit, in der wir Kinder ohne ihn leben mussten, hatte mich nachdenklich gemacht. Ich wollte nicht schuld sein, dass es anderen Kindern ebenso ergehen sollte. Inzwischen schrieben wir schon das Jahr 1939. Ich kam zu dem endgültigen Entschluss, mich nicht mehr mit Töne zu treffen. So verfasste ich einen allerletzten Brief. Darin machte ich ihm klar, dass es nun endgültig mit uns vorbei sei. Er könne im Leben nicht treu sein und eine Ehe mit Kindern wollte ich nicht auf dem Gewissen haben. Ich wünschte keinen weiteren Kontakt mehr mit ihm.

Die Wochen danach war ich mal fröhlich und mal in mich gekehrt. Zumal Töne auf meinen Brief nicht reagierte. Aber so wollte ich es ja.

Meine Freundin Martha half mir über diese trübe Zeit hinweg. Dafür war ich ihr ewig dankbar. Sie holte mich eines Mittags vom Geschäft ab. »Komm«, sagte sie, »wir machen unsere Mittagspause in der Postkantine.«

Ich wusste gar nicht, das dort auch *Nichtpostler* essen durften. Es war sehr angenehm, das Mittagsbrot nicht zwischen Pelzfellen,

Lederresten, Stoffballen und Maschinen zu verzehren. Dabei durchschaute ich auch nicht gleich Marthas Absicht, mich wieder dem Leben zuzuwenden. Ich war von Natur aus sehr neugierig und kam mit anderen Menschen schnell ins Gespräch.

»Darf ich mich zu Ihnen setzen?«, fragte eines Mittags ein gut aussehender junger Mann.

Martha und ich antworteten wie aus einem Munde: »Selbstverständlich.«

Mir fiel der rollende Dialekt des Mannes auf. »Woher kommen Sie, wenn ich fragen darf?«

»Sie dürfen fragen. Ich komme aus Serbien. Ich heiße Alexander und arbeite hier in Dortmund. Damit unterstütze ich meine Familie daheim.«

Wir unterhielten uns eine Weile, bis meine Mittagspause zu Ende war.

An einem Tag, als Martha frei hatte und ich allein in die Postkantine ging, saß Alexander bereits an unserem Tisch. Er fragte mich: »Fräulein Marga, würden Sie mir die Freude machen und mit mir zum Tanzen gehen?«

Sehr gern wollte ich. Doch irgendetwas ließ mich zögern. Seine wunderbaren blauen Augen mit den langen Wimpern schauten mich fragend, fast ängstlich an. Ja, warum eigentlich nicht? »Können Sie denn auch gut tanzen?«, fragte ich ihn.

»Das weiß ich nicht«, antwortete er verlegen.

»Nun, wir können es ja mal versuchen«, gab ich nach.

So ging ich nach langer Zeit mal wieder in die *Buschmühle* zum Tanzen. Alexander war kein so guter Tänzer. Aber das störte mich nicht. Er war sehr einfühlsam und fürsorglich, eine Art, die ich bisher nicht kennengelernt hatte. Mit jedem Treffen mochte ich ihn mehr.

Martha bekam dies natürlich mit. »Marga, werde nicht übermütig«, warnte sie mich. »Es kommen harte Zeiten auf uns zu. Alle Welt spricht von Krieg und der letzte ist auf dem Balkan losgegangen. Wer weiß, was da auf uns zukommt.«

»Ich weiß gar nicht, was du willst. Damit hat Alexander doch nichts zu tun. Martha, du kannst einem auch jedes Vergnügen vermiesen«, kritisierte ich sie. »Komm lieber mit zum Tanzen«, forderte ich sie auf.

»Nee«, antwortete sie, »ich gehe lieber zu den Veranstaltungen vom Bund Deutscher Mädchen.«

»Was kannst du da schon erleben?«, fragte ich etwas skeptisch.

»Da höre ich ein bisschen mehr, als du dir nur vorstellen kannst. Deshalb sage ich dir noch mal: Lass dich nicht von Alexander zu sehr einwickeln.«

»Das klingt ja wie eine Warnung«, rief ich aus.

»Ja, so fass das bitte auch auf.«

Sie schwieg, als Alexander sich zu uns setzte. Trotzdem traf ich mich regelmäßig mit ihm. Wir gingen tanzen, ins Kino oder machten Ausflüge ins Grüne. Am liebsten fuhren wir zur Hohensyburg. Vom Denkmal aus hatten wir eine wunderbare Aussicht ins Land der Ruhr.

Eines Abends kam er nicht wie verabredet, dafür stand ein dunkel bemantelter Mann vor unserer Haustür. Er schien zu warten. Ich wollte an ihm vorbei ins Haus eintreten.

»Guten Abend, Frau Kühn. Ich habe Ihnen etwas zu sagen. Das sollten wir im Haus bereden«, sprach der Mann mich an. Ob er mein Zusammenzucken bemerkte, weiß ich nicht.

Mit mulmigen Gefühl ging ich in den Hausflur.

Er blieb stehen. »Hören Sie«, fing er an, »Sie treffen sich regelmäßig mit unserem Feind.«

»Bitte?«, fragte ich erstaunt.

»Kennen Sie Alexander? Er ist ein serbischer Arbeiter. Sie treffen ihn regelmäßig. Ich fordere Sie auf, das zu unterlassen.«

Mir lief es kalt den Rücken herunter. Dennoch kamen mir Widerworte aus dem Mund geschlüpft: »Es ist eine harmlose Freundschaft. Wir gehen nur hin und wieder tanzen oder ins Kino. Mehr ist da nicht«, rief ich etwas lauter. Ich wollte, dass jemand von den

Hausbewohnern aufmerksam würde, weil ich eine bodenlose Angst bekam.

Es rührte sich aber nichts im Haus. Meine Mutter schien auch nicht da zu sein.

Der Mann wiederholte: »Treffen Sie sich nicht mehr mit dem Serben. Es würde unangenehme Konsequenzen für Sie haben.« Damit wandte er sich zur Haustür und ging.

Ich sah Alexander nur noch ein einziges Mal. Am Tag vor dem Beginn des 2. Weltkrieges. Er wartete am Hinterausgang der Kürschnerei auf mich. Ich war erschrocken über sein ernstes Gesicht und den großen Reiserucksack, den er bei sich trug.

»Alexander, was machst du hier?«, flüsterte ich.

»Marga, liebe Marga, ich verlasse jetzt Deutschland. Ich bin doch dein Feind geworden. Du hast meinetwegen schon Ärger bekommen. Nun gehe ich zum Bahnhof und fahre nach Serbien. Vielleicht sehen wir uns ja mal wieder, wenn bessere Zeiten sind.«

Das klang skeptisch. Wir fassten uns bei den Händen und jeder von uns wusste, dass es ein Abschied auf immer war. Er ging und drehte sich nicht um.

Wegen dieser Aufregungen bemerkte ich nicht gleich, dass eine glückliche Veränderung bei meiner Mutter eintrat. Auf dem Küchentisch lag eine Postkarte mit der Ansicht von Bochum-Langendreer. *Nanu*, dachte ich, *wer schreibt aus Bochum?* Mir fielen ihre Worte nach dem Besuch meines Vaters wieder ein: Sie war einem anderen Mann versprochen.

Eine spitze Handschrift schrieb *Liebe Alma*. Die Handschrift kündigte einen Besuch am morgigen Donnerstag an. *Herzlichen Gruß, Robert*. Ich las nochmals, ja, da schrieb ein mir fremder Mann an meine Mutter, die er besuchen wollte. Davon hatte sie mir gar nichts erzählt, obwohl wir uns doch sonst immer alles erzählten. Zumindest bis jetzt. Meine Mutter kam aus dem Schlafzimmer. Sie war stadtfein gekleidet, was hatte Sie vor? Ich schaute sie an, immer noch mit der Karte in der Hand.

»Ach, ja, du hast es gelesen? Wenn du morgen pünktlich Feierabend hast, kannst du mit uns Kaffee trinken und dabei Robert kennenlernen.«

»Mutter, ich staune. Warum hast du nicht schon früher etwas gesagt? Woher kennst du den? Ist das auch ein Ordentlicher?« Ich war neugierig und besorgt, vielleicht auch eifersüchtig. Scheinbar war ich in den letzten Jahren zu sehr mit mir und Töne beschäftigt gewesen, als das ich nur einen Augenblick daran dachte, dass auch meine Mutter sich nach einem Ehemann sehnen könnte.

»Robert hatte in Bochum eine kleine Fabrik, die er leider schließen musste. Er ist auch etwas älter als ich und Witwer. Er hat zwei erwachsene Söhne, die schon verheiratet sind. Wir verstanden uns auf Anhieb. Hoffentlich macht er mir morgen einen Heiratsantrag.« Sie wurde rot.

Ich war platt. Natürlich wollte ich den Mann sehen. Sie habe ihn im April kennengelernt. Im *Kaufhaus Althoff*. Er dachte wohl, sie sei dort Verkäuferin und fragte sie nach ihrer Meinung zu ein paar Lederhandschuhen. Als sie den Irrtum aufklärte, entschuldigte er sich und lud sie zu Kaffee und Kuchen ins *Cafe Europa* auf der Hansastraße ein. Seitdem hatten sie sich ein paar Mal verabredet, zum Spaziergang oder Cafe-Besuch. Ich freute mich für meine Mutter. Und wenn sie es schaffte, einen Mann zu finden, dann müsste ich doch erst recht die Liebe meines Lebens bekommen, dachte ich.

Die Kaffeetafel am nächsten Tag war gediegen. Meine Mutter hatte alles aufgefahren, was ihr Haushalt hergab und auch noch einige Leihgaben von Freundin Wilhelmine. Meine Schwester mit Mann und mein Bruder kamen auch dazu. – Wir waren uns alle einig, dass die beiden gut zusammenpassten.

Robert Otto war auch ein ehrlicher Mann. Er sagte, dass sein Einkommen für zwei ausreichen würde. Die Fabrik sei leider verlorengegangen, weil er eine Zeit lang jeden Tag auf der Wambeler Galopprennbahn Geld verwettet habe. Er sei aber rechtzeitig davon losgekommen und jetzt mit 62 Jahren etwas klüger geworden.

Und dann fragte er unsere Mutter ganz formell: »Liebes Almachen, willst du mich trotzdem heiraten?« Er hatte sie an den Händen gefasst und ihr fest in die Augen geblickt.

Und unsere Mutter nickte ergriffen und krächzte ein »Ja« heraus. Er zog tatsächlich einen Ring aus der Anzugstasche und steckte ihn an Mutters linken Ringfinger. Ich war gerührt und konnte meine Tränen nicht zurückhalten.

»Wann, liebe Alma, denkst du, sollen wir heiraten?«

»Sobald wie möglich«, antwortete Mutter.

Woran beide nicht gedacht hatten waren die neuen Heiratsgesetze. Die schrieben vor, das die künftigen Eheleute bis zu den Urgroßeltern einen arischen, nicht-jüdischen Nachweis ihrer Abstammung beim Standesamt einreichen mussten. Das war ein bürokratisches Unterfangen mit viel Schreiberei an Standesämter und Kirchengemeinden. Der grauenvolle Sinn dieser Bürokratie sollte uns viel später erschaudern lassen.

Bei unserem künftigen Stiefvater – wir nannten ihn fortan *Papchen* – ging das verhältnismäßig schnell, da alle seine Vorfahren aus Dortmund und Umgebung stammten. Aber bei unserer Mutter mussten die Ämter in Bad Sachsa, Nordhausen, Weißenfels und Berlin angeschrieben werden.

Als beide glaubten, alle Papiere zusammen zu haben, kam der erste September 1939.

Dortmund, Burgtor mit Brückstraße und Hauptpost

Meine schöne Heimatstadt Dortmund – wie es war.

Meine Eltern:
Richard Voigt ca. 1911

Alma Voigt geb. Hüther
Juni 1912

Und wir drei *Dortmunder Prötelke*s:
von links Maria, Kalli und Marga ca. 1917

Großmutter Hüther, geb. Wöge, und Großvater Theodor Hüther
Sie haben das kleine Paradies bei Nordhausen auf dem Weg nach
Stolberg im Harz vom Vorgänger Apel übernommen und bis ca.
1949 betrieben.

Das kleine Paradies

Und das sind die beiden Töchter: links unsere geliebte Tante Maria und rechts unsere noch mehr geliebte Mutter Alma. Diese zwei von neun Kindern sind den Großeltern geblieben.

Das Elfen-und Feenhäuschen *Winuwuk* in Bad Harzburg gibt es seit ca. 1920. Es ist heute wie damals ein beliebter Ausflugsort. Vor allem, weil es architektonisch originell an Hundertwasser erinnert. Auch mit den Kunstausstellungen im Sonnenhof. Als sechsjähriges Mädchen habe ich dort manchen Sonntag verbracht.

In der Weiherstraße: Mutter und Kalli freuen sich über das neue Piano, das Kalli fortan bearbeitete. Die Nachbarn haben sich nie beschwert.

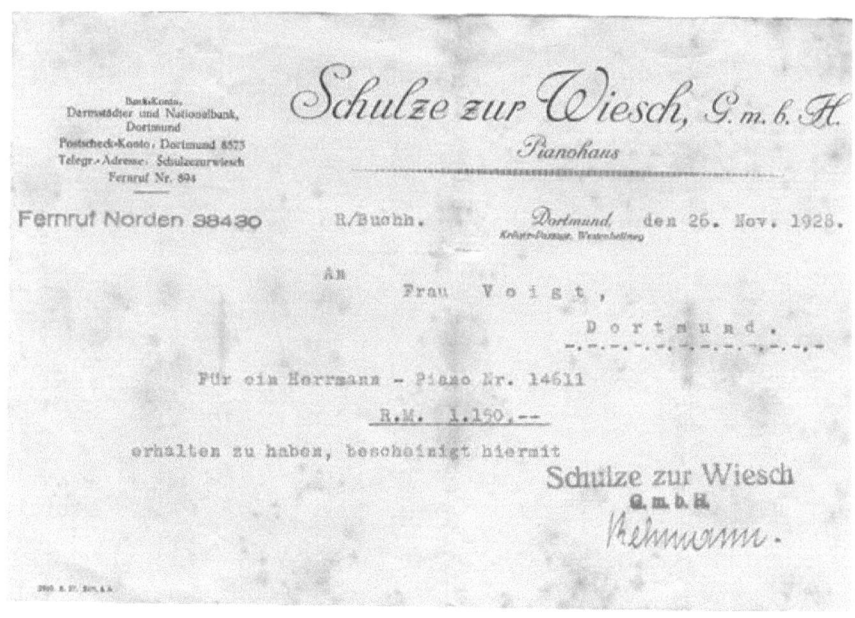

Vater Richard und Sohn Kalli ca. 1930

Das Jahr im Amsterdam mit Anton, *Töne, w*ar herrlich und schrecklich zugleich.

Marga und Töne vor dem Kölner Dom am 14. August 1936.
Trotz Sommer im Pelz.

Ich sortierte gerade neue Schals für die Herbstdekoration, als Kürschnermeister Seidel hereingestürmt kam und laut rief: »Es ist Krieg. Wir sind in Polen einmarschiert.« Und etwas leiser sagte er: »Gott steh' uns bei.«

Gut dass ich dem Kühn nicht nach Königsberg gefolgt bin, war mein erster Gedanke.

Herr Messling kam in den Laden und sagte, wir sollten nach Hause gehen, heute würde sicher kein Pelz mehr gekauft. Bald sollte sich zeigen, dass mehr Waffen und Munition in Dortmund verkauft wurden als Pelze, Hüte oder Schirme.

Am Abend klingelte es bei uns. Töne stand vor der Tür. Er war aufgeregt und hielt einen blauen Brief in der Hand. Ach, ich war erschüttert. Wir hatten uns lange nicht gesehen. Töne sah grau und gealtert aus.

»Marga, es ist soweit. Ich habe den Einberufungsbescheid. Ich muss morgen früh zu meiner Einheit.«

»Hoffentlich dauerte der Krieg nicht lange«, sagte ich und war versucht, Töne in den Arm zu nehmen. »Du musst auf dich aufpassen. Für deine Familie.« Ich vermied es, seine Frau zu erwähnen.

»Ja«, versprach er, »ich werde es versuchen.« Dabei schaute er aber über mich hinweg, als würde hinter mir etwas Wichtiges zu sehen sein. »Komm, lass uns was trinken gehen. Ich benötige deine Hilfe«, bat er.

Die Straßen waren belebt wie nie. Viele junge Männer in Uniform waren unterwegs, die sich lachend auf den Weg zum Bahnhof machten.

»Nun sag' schon, wobei kann ich dir helfen?«

Wir gingen flotten Schrittes und auf einmal standen wir vor dem *Grafenhof*.

»Lass uns hier einkehren«, bat Töne.

Er suchte einen ruhigen Platz aus.

Dann kam er zur Sache: »Du musst eine Freundin von mir nach Holland schmuggeln.«

Bitte? Hörte ich richtig? Mein Mund wurde trocken. »Welche Freundin und wieso Holland?«

»Mit meiner Bitte bringe ich dich in große Gefahr, Marga. Aber ich weiß, du bist mutig und tapfer. Nur dir vertraue ich. Außerdem warst du schon mal in Holland. Sprichst du noch ein wenig Holländisch?«

»Ich will erst wissen, was genau die Geschichte bedeutet.«

Ich nahm kaum wahr, was er mir da erzählte. Ich hatte nur den Gedanken, dass er eine Freundin hatte. Wer weiß, wieviele da noch waren. »Ich weiß nicht, ob ich dir die Geschichte glauben soll«, sagte ich, »auf jeden Fall hört sich das ganz schön illegal an. Und da mache ich auf keinen Fall mit. Am besten ich vergesse, worum du mich gebeten hast. Hoffentlich hat uns hier keiner zugehört. Ich habe keine Lust für deine Liebschaften bei der Gestapo zu landen. Ich gehe jetzt nach Hause«, sagte ich und sprang auf.

Ich lief so schnell ich konnte, damit ich nicht merkte, dass mir die Angst den Nacken hochkroch.

Als ich zu Hause ankam, saßen mein Bruder, meine Mutter und der künftige Stiefvater am Küchentisch. Mein Bruder hielt den blauen Brief in der Hand. Meine Mutter zerknüllte wieder ein Taschentuch. Und der Stiefvater schaute bange drein. Auch seine beiden Söhne hatten bereits den Einberufungsbefehl erhalten.

»Kannst du nicht eine Zurückstellung beantragen?«, fragte ich meinen Bruder.

»Woraufhin denn? Klavierbauer und -spieler werden gerade nicht so gebraucht«, sagte er spöttisch.

Schon bereute ich, dass ich Töne eine massive Abfuhr gegeben hatte. Vielleicht würde ich ihn nie wiedersehen.

Am nächsten Tag gingen meine Mutter und ich in die *Reinoldi-Kirche*. Das erste Mal seit der Konfirmation vor unendlich vielen Jahren, so kam es mir vor. Ich betete innig für Töne und für meinen Bruder. Für Töne ein bißchen inniger.

Es kam Post von meiner Schwester Maria. Auch ihr Leo musste zu den Waffen. Das konnte ich mir nicht vorstellen, dass der kurzbeinige Leo zu den Soldaten musste. Aber er kam bis Paris. Und auch wieder zurück.

Zunächst merkten wir im Alltag nicht sehr viel vom Krieg. Außer, dass eben unsere Männer immer weniger wurden.

Die Eheschließung meiner Mutter mit Robert Otto sollte nun im Januar 1940 stattfinden. Ich war schon aufgeregt, weil ich ihre Trauzeugin sein sollte. Kalli bekam Urlaub und Maria und Leo reisten aus Herford an. Ich half meiner Mutter bei den Vorbereitungen für ein Mittagessen und beim Kuchenbacken. Das war jetzt gar nicht mehr so einfach. Wir mussten doch einige Lebensmittelmarken sammeln, bis wir ein einfaches Mittagessen und einen vernünftigen Kuchen backen konnten. Und mit dem Kaffee war das noch viel schwieriger. Kalli war die Rettung. Er brachte echten Bohnenkaffee mit. Zum Mittagessen entschieden wir uns für *Pfefferpotthast*. Das hatte den Vorteil, dass wir noch eine Vorsuppe servieren konnten. Das Rindfleisch für *Pfefferpotthast* konnten wir gut mit sauren Gurken strecken.

Schade, dass die Hochzeit im Winter stattfand. Ich hätte gern was schickes Sommerliches angezogen. So kam mein Winterkostüm mit dem Fuchskragen noch mal zum Einsatz. Mutter und Papchen waren ein stattliches Paar. Ich fotografierte sie im winterlichen Rosengarten im *Hain*.

Die Runde zum Abendessen war kleiner geworden. Leo und Maria hatten den letzten Zug nach Herford genommen und Kalli war auch auf dem Weg zu seiner Einheit. Die Söhne von Papchen – Theodor und Robert – verabschiedeten sich gerade. Auch sie mussten zurück in ihre Kasernen. So waren nur noch Freundin Wilhelmine und ich allein mit dem frischgebackenen Ehepaar.

Ich bereitete in der Küche gerade ein paar Schnitten belegter Brote zu, als es am Fenster zum Hof klopfte. Ich schob vorsichtig das Verdunklungsrollo beiseite. Am Fenster stand Töne. In Uniform. Ich schloss die Verdunklung und taste mich zur Hoftür. Irgendetwas sagte mir, dass ich lieber kein Licht machen sollte. Das Knarren der Hoftür versuchte ich, durch Gegendrücken zu verhindern.

»Töne, was ist passiert? Was machst du hier?«, flüsterte ich hektisch. Ich wollte ihn auf keinen Fall hereinlassen.

Doch Töne schob mich recht massiv zur Seite, um in den Flur zu treten. Die Haare hingen ihm wild unter dem Käppi hervor. Trotz der Kälte sah er verschwitzt aus.

»Marga«, fing er an und nestelte an seiner Uniformjacke. »Kannst du das für mich nach Holland bringen?«

»Was ist das?«, flüsterte ich zurück.

»Wichtige Papiere, die eine Frau in Holland dringend braucht.«

»Du weißt, dass ich bei solchen Geschichten nicht mitmache. Außerdem: Wo soll ich denn eine Reisegenehmigung für Holland herbekommen?«

»Bitte, es ist nur noch dieses eine Mal, dass ich dich um einen Gefallen bitte. Ich würde es ja selber machen, aber ich muss doch in die Kaserne zurück.«

»Wer ist denn die Frau?« Wahrscheinlich wieder eine seiner vielen Freundinnen, vermutete ich.

»Jetzt diskutier doch nicht mit mir. Es geht um Leben und Tod. Wenn die Person die Papiere nicht rechtzeitig bekommt, geht es vielen Menschen an den Kragen. Also machst du es oder nicht? Du warst immer mutig und hilfsbereit. Ich zähle auf dich.«

»Kann man das nicht mit der Post verschicken?«, fragte ich skeptisch.

»Sendungen ins Ausland werden garantiert durchsucht«, antwortete Töne.

»Hör' mal, Töne: Ich bin bei der Polizei im letzten Herbst schon aufgefallen, weil ich mit Alexander tanzen gegangen bin. Die haben mich bestimmt nicht vergessen«, erklärte ich ihm.

»Das wusste ich nicht.«

»Nein, du weißt vieles nicht. Ich kann dir nicht helfen. Du musst jemanden anders suchen. Und jetzt geh' bitte. Wir haben Besuch und feiern drinnen die Hochzeit meiner Mutter. Warum fragst Kalli nicht? Der ist doch gerade in Holland stationiert.«

Er ließ die Arme sinken und sah plötzlich aus wie ein Häufchen Elend. Zögernd drehte er sich um. Vielleicht hoffte er, ich würde es mir im letzten Augenblick anders überlegen.

Und tatsächlich kam mir ein Geistesblitz. »Gib' schon her. Ich werde es irgendwie versuchen. Aber ob ich das rechtzeitig schaffe, kann ich nicht versprechen.«

»Marga, das werde ich dir mein Leben lang nicht vergessen.«

»Das will ich hoffen. Und bete ja, dass ich da heile rauskomme. Also, wo soll ich das Päckchen abliefern?«, fragte ich.

»Bei deinem Zahnarzt in Amsterdam«, antwortete er.

»Bitte? Du hast Kontakt zu dem Zahnarzt, bei dem ich vor fünf Jahren gearbeitet habe?«

»Ja, ich kenne ihn seit der Zeit. Hab' ich dir das nie erzählt?«

»Nein, das ist jetzt aber auch egal. Ich müsste sowieso Kontakt zu ihm aufnehmen, damit ich eine Bescheinigung über meine Arbeit und den Verdienst für die Invalidenkarte bekomme. Das könnte ich als Reisegrund angeben«, überlegte ich.

»Marga, ich wusste, du würdest mich nicht im Stich lassen. Ich werde dir später erklären, wie das alles gekommen ist.«

Als ich ihn fragend ansah, ergänzte er noch schnell: »Das mit dem Päckchen und Holland meine ich. Wie schnell kannst du wohl nach Holland reisen?«

»Ich muss morgen erst zu Meßling und noch um einen Tag Urlaub bitten. Dann hole ich mir bei der Krankenkasse ein Formular und vielleicht bekomme ich dort auch die Reisegenehmigung. Also vor morgen Mittag werde ich nicht loskommen. Dann ist auch noch die Frage, ob dann ein Zug nach Amsterdam fährt«, überlegte ich leise.

»Marga, hier ist das Päckchen. Und Geld für die Fahrkarte. Aber bitte, melde dich nicht bei mir, wenn du wieder zurück bist. Sag' lieber Kalli Bescheid, ob alles geklappt hat.«

»Du ziehst meine ganze Familie in deine undurchsichtigen Machenschaften hinein«, begehrte ich auf.

»Es tut mir leid, aber ich wusste mir nicht anders zu helfen. Und Marga: Ich will dir noch sagen, dass meine Frau unser zweites Kind erwartet.«

Mir blieb die Spucke weg.

Nach einer Ewigkeit sagte ich rau: »Das freut mich für euch.«

Er sah mich erstaunt an.

»Ja, wirklich«, erwiderte ich seinem Blick. »Aber nun geh'. Die Gäste werden sich schon wundern, wo ich bleibe.« Ich schob ihn zur Hoftür hinaus.

Wie in Trance schmierte ich in der Küche weiter die Brote zum Abendessen. Was war das nun wieder? Worauf hatte ich mich wieder eingelassen? Das *Töne* mit seinen Hilferufen immer wieder bei mir landen konnte … Ich verstand mich nicht mehr. Kaum glaubte ich, ihn vergessen und überwunden zu haben, erschien er wieder auf der Bildfläche. Mir war nicht zu helfen.

Als ich ins Wohnzimmer kam, sah meine Mutter mich besorgt an. »Was ist los Marga, du siehst so blass aus. Geht es dir nicht gut?«

»Doch, doch. Es ist alles in Ordnung.«

»Nun, es war für uns alle heute recht anstrengend. Wenn wir gegessen haben, dann sollten wir uns zur Ruhe begeben.«

Das ging in Richtung Wilhelmine, die sonst immer viel Sitzfleisch hatte.

»Ja, ich muss morgen auch wieder früh raus.«

Zu jener Zeit eine Reise – und dann noch ins Ausland – zu organisieren, bedeutete schon vorher viel Lauferei und Bürokratie. Telefon hatten die wenigsten Privatleute und ein Auto erst recht nicht. Ich musste also alles zu Fuß oder mit der Straßenbahn erledigen. Wenn die Zeit drängte, forderte das natürlich einen sportlichen Laufschritt. Das Päckchen mit den Ausweispapieren brannte mir schon in der Handtasche. Hätte ich mich doch bloß nicht darauf eingelassen!

Frau Meßling wollte alles ganz genau wissen: wie die Hochzeit meiner Mutter verlaufen war und warum ich noch einen Tag Urlaub benötigte. Ich sagte ihr, dass ich nach Amsterdam fahren müsse, um bei meinem ehemaligen Arbeitgeber die Bescheinigung für meine Invalidenkarte zu bekommen.

»Na«, meinte sie, »dass hättest du doch im Voraus planen können. Wo doch im Winter soviel zu tun ist. Und mit einem Tag Urlaub kommst du wohl kaum aus. Nimm man gleich zwei Tage.«

Ich antwortete, dass ich befürchtete, den Zahnarzt später nicht mehr zu erreichen oder dass das Reisen noch schwieriger würde.

Erstaunlicherweise bekam ich bei der Krankenkasse sofort Formulare und Reisegenehmigung. Als ob der Sachbearbeiter geahnt hat, dass wenige Monate später eine Reise nach Holland noch unmöglicher wäre. – Im Mai wurden die Niederlande von uns Deutschen besetzt. Ob *Töne* das auch geahnt oder gar gewusst hatte?

Ich bekam jedenfalls am nächsten Tag einen frühen Zug nach Amsterdam. Der Weg vom Bahnhof bis zur Praxis des Zahnarztes kam mir sehr lang vor. Die Menschen hasteten an mir vorbei. Von der Leichtigkeit, die ich hier vor fünf Jahren spürte, war nichts mehr zu merken. Oder lag es an mir? Ich stand vor dem Haus, in dem die Praxis war. Es fehlte das Schild. Ich trat zur Haustür und wollte die Klingelschilder studieren, da ging die Tür auf –ich stand vor der Frau des Zahnarztes.

Sie rief: »Margret. Schnell, komm rein.« Sie schien mich erwartet zu haben.

Im Wohnzimmer stand der Doktor und grinste mich schief an. Ich nahm am Tisch Platz und wurde mit Tee und Pofertjes bewirtet. Es tat gut. Dann griff ich in meine Handtasche und zog das

Päckchen heraus. Bis dahin wusste ich nicht genau, was drin war. Ich vermutete zwar, dass es sich um Ausweispapiere fragwürdiger Herkunft handeln könnte, aber ich wollte es so genau gar nicht wissen.

»Marga, dass wir uns auf diese Weise noch mal wiedersehen würden«, wunderte sich der Zahnarzt. »Wir sind dir zu großem Dank verpflichtet. Du kannst nicht wissen, wie sehr du uns geholfen hast, und ich wünsche mir von ganzem Herzen, dass dir das nicht zum Nachteil wird.«

»Nun, es ist bis jetzt alles gut gegangen. Aber ehe ich den eigentliche Grund meines Besuches vergesse: Ich brauche die Rentenbescheinigung für die Zeit meiner Arbeit bei Ihnen.«

Er verstand mich sofort und füllte umgehend das Formular aus. »Wie und wann kannst du wieder zurückfahren?«

»Wenn ich mich jetzt gleich auf den Weg mache, müsste ich den letzten Zug noch schaffen«, überlegte ich.

»Dann sollten wir uns hier und jetzt verabschieden. Leider können wir dich nicht begleiten. Ich hoffe innig, dass wir uns in besseren Zeiten wiedersehen.« Er war den Tränen nahe und auch seine Frau schluckte.

Ich beeilte mich. Der Zug stand schon am Bahnsteig bereit. Die Fahrt verlief reibungslos, bis ich bei der deutschen Grenzkontrolle landete. Im Zug hatte ich schon einen Mann im langen Regenmantel bemerkt, der vor der Abteiltür hin- und hergegangen war. Hin und wieder warf er einen Blick ins Abteil. Ich war nicht allein. Es waren noch zwei Fahrgäste im Abteil.

Der Zug hielt und ich nahm meine Handtasche und wollte aussteigen. Der Mann im Regenmantel hielt mich am Oberarm fest. Mit einer unwirschen Bewegung wollte ich die Hand abschütteln, er aber sagte: »Sie folgen mir jetzt zur Kontrollstelle.«

Bis zum anderen Morgen musste ich in einem kahlen Raum mit nur einem Stuhl warten. Mein Klopfen und Rufen wurde nicht gehört. Allmählich bekam ich Angst und Wut auf Töne.

Endlich kam ein etwas verschlafen wirkender Beamter. »Wieso sind Sie an einem Tag hin und zurück nach Amsterdam gefahren und alles ohne Gepäck?«

Ich wollte ihm meine zurechtgelegten Erklärungen entgegenschleudern, er aber unterbrach mich unwirsch: »Sie sind schon einmal aufgefallen wegen Feindberührungen.«

»Ich wusste nicht, dass Holland unser Feind ist. Und damals hatte ich auch keine Feindberührung«, antwortete ich schnippisch und trat von einem Bein aufs anderen, weil ich dringend zur Toilette musste.

So ging es eine Weile hin und her. Entweder hatte der Beamte keine Lust mehr oder er war verkatert, jedenfalls ließ er mich nach dem Toilettengang laufen – nicht ohne zu drohen, dass ich von nun an unter Beobachtung stehen würde. Das war mir egal, Hauptsache ich war draußen. Aber mein Zug nach Dortmund war weg und der nächste fuhr erst in zwei Stunden.

Zu Hause legte sich die Anspannung, indem ich erst mal ausgiebig heulte. Meine Mutter und Papchen sprachen mir Mut zu.

Die nächsten Tage und Wochen hielt ich mich nur bei der Arbeit und zu Hause auf. Wenige Monate später – im Mai 1940 – überfielen wir Deutsche tatsächlich die Niederlande. Ich wollte es nicht glauben.

Kalli kam zu seinem Geburtstag im Juni nach Hause. Er hatte ein paar Tage Urlaub. Als ich ihn sah, erschrak ich sehr. Mein Bruder war 26 Jahr alt und sah aus wie ein alter Mann; grau mit tiefen Falten um die Mundwinkel.

»Kalli, was ist passiert? Bist du krank?«

Meine Mutter gab mir ein Zeichen, dass ich still sein sollte.

»Ach, Marga frag' nicht. Ich habe meine Versetzung in eine andere Einheit beantragt. Ich kann nicht mehr in der Etappe bleiben. Ich kann auch nicht darüber sprechen, was ich dort erlebt habe. Ich gehe auf keinen Fall zurück. Lieber will ich zur kämpfenden Truppe. Drück mir die Daumen, dass meinem Versetzungsgesuch stattgegeben wird.«

Der Krieg hatte uns eingeholt. Familie, Freunde, Arbeitskollegen, Nachbarn und Bekannte – alle waren in irgendeiner Weise vom Krieg betroffen. Aber niemand unterhielt sich mit anderen darüber, wie dieses Unheil geschehen konnte, wer es angezettelt hatte und ob auch nur einer von uns es hätte verhindern können. Es gab die ersten Bombenangriffe. Das Eckhaus am Westenhellweg und Brückstraße wurde als Erstes in der Innenstadt getroffen. Das gab uns einen Vorgeschmack auf das, was noch kommen sollte.

Meine Freundin Martha traf ich nur noch selten. Sie hatte sich als Nachrichtenhelferin freiwillig gemeldet. Darunter konnte ich mir nichts vorstellen. Sie kam jetzt in Uniform zu unseren Treffen. Frauen in Uniform, das war doch abwegig. Zwei meiner Kolleginnen ließen sich zur Hilfskrankenschwester ausbilden. Bei jeder Gelegenheit bearbeitete Martha mich, doch endlich auch etwas für Volk und Führer zu tun. Ich solle doch wenigstens in den BDM eintreten. Sie gab mir das Gefühl, ich würde mich vor meinen *Volkspflichten* drücken. Ich war aber gern bei Meßling beschäftigt. Doch die Pelznäherei ließ merklich nach. Das bekam ich bald zu spüren.

Aber zunächst hatte unsere Mutter mit ihrem Mann einen schrecklichen Verlust hinzunehmen. Ich kam an einem regendüsteren Abend kurz vor Weihnachten von der Arbeit. Vor der Haustür hörte ich lautes Wehklagen. *Meine Güte*, dachte ich, *wen hat es nun getroffen?*

Es war meine eigene Familie. Erst glaubte ich, meinem Bruder wäre etwas passiert, aber es war unser Papchen, der laut klagend in der Küche saß. Meine Mutter reichte mir einen Brief und wischte sich über die Augen. Die junge Kriegerwitwe saß zusammen gesunken auf einem Stuhl. Sie konnte die Nachricht nicht allein verkraften.

Ich las die Zeilen mehrmals. Der Sohn von Papchen, Robert, war Opfer eines Brandes in seiner Kaserne geworden. Was dann kam, das wollte nicht in meinen Kopf: Er durfte nicht mit der Waffe in der Hand fallen, stand da. Das war doch widersinnig. Noch irrsinniger war es allerdings, dass der arme Robert zwei Jahre später auch noch umgebettet wurde.

Es war das erste Mal, dass ich so etwas wie einen heiligen Zorn verspürte. Ich wusste nur nicht, gegen wen sich mein Zorn richtete.

Am nächsten Tag traf ich Martha und erzählte ihr von dem Unglück.

»Das lassen wir nicht auf uns sitzen. Wir müssen uns wehren und jetzt alle kämpfen. Du hast doch selbst die ersten Luftangriffe mitbekommen. Die wichtigen Industriebetriebe und Transportwege werden getroffen. Wenn erst mal unsere Wohnhäuser bombardiert werden, dann weißt du Bescheid.«

Sie redete sich in Rage und ich ging nachdenklich zur Arbeit. Nicht nur der Tod von Robert, auch die Briefe meines Bruders bestärkten mich, es Martha gleichzutun. Aber noch war ich nicht soweit. Auch weil ich sehr an meiner Mutter hing und mir nicht vorstellen konnte, sie zurückzulassen.

Durch die Bombenangriffe auch in den Nachbarstädten fing meine Mutter an, Lebensmittelvorräte anzuschaffen. Das gestaltete sich nicht so einfach. Unser Papchen war noch sehr mitgenommen vom Tod seines ältesten Sohnes, sodass Mutter und ich uns die Last der Essensbeschaffung teilte. Wir hatten aber auch Sorge um unser Hab und Gut. Das Klavier, das Kristall – all die Dinge, die wir uns mühsam erarbeitet hatten –, wollten wir in Sicherheit bringen. Nicht ahnend, dass es keine Sicherheit gab und wir eines Tages nicht einmal mehr einen Löffel besitzen, geschweige denn etwas zu essen haben würden.

Eines Tages fragte mich Frau Meßling, ob ich Interesse hätte, mal etwas anderes zu machen als Pelze zu nähen.

Ich fragte: »Was soll das sein?«

»Nun«, meinte sie, »ich werde meinen eigenen Laden aufmachen.«

Ich staunte nicht schlecht.

Auf meinen fragenden Blick antwortete sie: »Ja, ich werde ein Geschäft aufmachen speziell für Hüte, Mützen, Schirme, Handschuhe, vielleicht auch Handtaschen, obwohl das wegen der Rationierung von Leder unwahrscheinlich ist. Aber mal sehen.«

»Und Ihr Mann? Ist der einverstanden, wenn ich zu Ihnen wechsele?«

Ich hatte zwar beiläufig mitbekommen, dass die Eheleute Messling eine Krise hatten, aber ich dachte, sie wären sich wegen des Pelzgeschäftes nicht einig und wollten ein weiteres Standbein eröffnen.

»Er wird schon einverstanden sein«, lautete die Antwort.

Dem war aber nicht so. Er wollte mich nicht ziehen lassen. Das Weihnachtsgeschäft stand bevor und schon gar nicht wollte er mich zur Konkurrenz, zu seiner Frau gehen lassen. Ein Arbeitsplatzwechsel war zu jener Zeit nicht so ohne Weiteres möglich. Es musste die Genehmigung der Arbeitsbehörde eingeholt werden. Es war der Herbst des Jahres 1942. Der Krieg hielt uns im dritten Jahr in Atem.

Ich erzählte Martha von dem Angebot meiner Chefin. Martha war inzwischen Ausbilderin für Fernschreiberinnen in Gütersloh.

Sie fing wieder an: »Marga, wir brauchen jetzt jede Hand. Unsere Männer können nicht alles allein bewerkstelligen. Wenn du sowieso schon an einen Wechsel denkst, dann mach es jetzt richtig.«

Sie hatte mich schon weichgeklopft:

»Ich will aber meine Mutter nicht allein lassen.«

»Marga, jetzt steht jeder an seinem Platz und deine Mutter hat ihren Mann zur Seite.«

»Ich habe aber meiner Chefin schon zugesagt.«

»Du gehst einfach nicht mehr hin. Dann müssen sie dich ziehen lassen.«

Na ja, ich gebe ja zu: Martha gefiel mir in der Uniform. Die würde mir bestimmt auch gut stehen. Ich hatte mir bisher keine großen Gedanken über Vaterland, Volk und Führer gemacht. Natürlich war der Krieg alles bestimmend. Aber ich hatte nicht das Gefühl, dass ich daran etwas ändern könnte. Die beiden Erlebnisse mit der Polizei hatten mir Furcht eingeflößt. Martha war da ganz anderer Meinung.

»Nein, ich werde erst mal für Frau Messling arbeiten. Die braucht auch jede Hand.«

Damit war das Thema für mich erledigt. – Bis zu dem Tag, an dem ich Post von Herrn Messling bekam. Er forderte mich massiv auf, sofort meine Arbeit wieder aufzunehmen. Ich stand zwischen den zerstrittenen Eheleuten. Er meldete mein Fernbleiben dem Arbeitsamt und im November 1942 bekam ich den Bescheid, dass mein Arbeitsverhältnis von Herrn Messling aufgelöst werden könne. In diesem Fall wurde mir auferlegt, mich als Luftnachrichtenhelferin zur Verfügung zu stellen.

Am 13.01.1943 bekam ich vom Flugplatzkommando Münster die Aufforderung zum Dienstantritt.

Im Kaiserhain: Meine Mutter Alma mit ihrem zweiten Mann Robert Otto am Tag ihrer Hochzeit

Ich begleitete die beiden zur Trauung

Bochum—Langendreer. Am Bahnhof

Auf der Rückseite dieser Karte kündigte der neue Mann meiner Mutter sein Kommen an. Überhaupt haben wir oft und viel – auch sehr Privates – auf Ansichtskarten geschrieben. Das war unser *WhatsApp*.

O.U. 17.12.1940.

Hochverehrte Frau Otto!

Es ist mir eine traurige Pflicht, Ihnen mitzuteilen, dass meine
Kompanie von einem schweren Brandunglück betroffen wurde, dem
Ihr Mann mit sechs anderen Kameraden zusammen zum Opfer gefallen
ist.

Die Kompanie hatte am 12.12.40 einen Kameradschaftsabend. Ihr Mann
hatte sich schon vor Beendigung des Festes schlafen gelegt, als
plötzlich in der Unterkunft Feueralarm gegeben wurde. Obwohl die
noch beim Kameradschaftsabend befindlichen Kameraden sofort versuchten, ihre bereits schlafenden Kameraden zu retten, gelang es
ihnen infolge der ungeheuren Rauchentwicklung und des rasenden
Umsichgreifens des Feuers nicht, alle Kameraden noch lebend zu
bergen.

Die Kompanie ist tief erschüttert über dieses harte Schicksal, das
Ihnen Ihren lieben Mann, ~~den Vater Ihres Kindes~~ und uns einen
tüchtigen Soldaten und lieben Kameraden entrissen hat.

Wenn Ihr Mann auch nicht vor dem Feinde mit der Waffe in der Hand
fallen durfte, so ist er doch im Einsatz für den Bestand seines
Volkes, für Führer und Reich geblieben.

Möge Ihnen diese Gewissheit ein Trost in dem schweren Leid sein,
das Sie betroffen hat.

Ich spreche Ihnen, zugleich im Namen seiner Kameraden, meine
wärmste Anteilnahme aus.

Die Kompanie wird ihm stets ein ehrendes Andenken bewahren.

Ich grüsse Sie in aufrichtigem Mitgefühl!

(gez.) Fritz Karg
Oblt.u.Kp.Chef.

Ihr Mann wurde am 16.12.40 unter militärischen Ehren auf dem
Friedhof des Ortes Etreeby (45 km südl.Paris) zusammen mit den
übrigen verunglückten Kameraden beigesetzt.

Bilder von der Beisetzung und der Grabstätte werde ich Ihnen
nach Fertigstellung sofort zukommen lassen.

Der Nachlass Ihres Mannes ist durch Feuer völlig vernichtet worden.

In allen Fürsorge und Versorgungsfragen wird Ihnen das zuständige
Wehrmachtsfürsorge- und Versorgungsamt, dessen Standort bei jeder
milit. Dienststelle zu erfahren ist, bereitwilligst Auskunft
erteilen.

Berlin W 30, den *30.6.42*
Hohenstaufenstr. 47/48.

An

Familie Otto

Bochum - Langendreer.

Betrifft: Umbettung des *Gefr. Robert Johann Otto*
geb. 3.5.05 Langendreer, Pi. Abt. (H) mot.
gef. 12.12.40
      Zur Sicherung und Erhaltung der Grabstätte Ihres ge-
fallenen *Angehörigen*   mußte eine Umbettung vorgenommen werden.
Das Grab befindet sich ~~nicht mehr~~

sondern *Kriegerfriedhof Versailles, E.Grab ^3/4*

      Der Gefallene ruht in einem eigenen Sarg; auf der Grab-
stätte ist ein Grabzeichen errichtet. Das Oberkommando der Wehr-
macht hat die Fürsorge für die Gräber der Gefallenen und Verstor-
benen übernommen und wird ihnen eine würdige Ausgestaltung und
Pflege zuteil werden lassen.

                                          I.A.

                                      Brunis

Form. 402e

Vor diesen Briefen fürchtete sich jede Familie

Dortmund. Marktbrunnen.

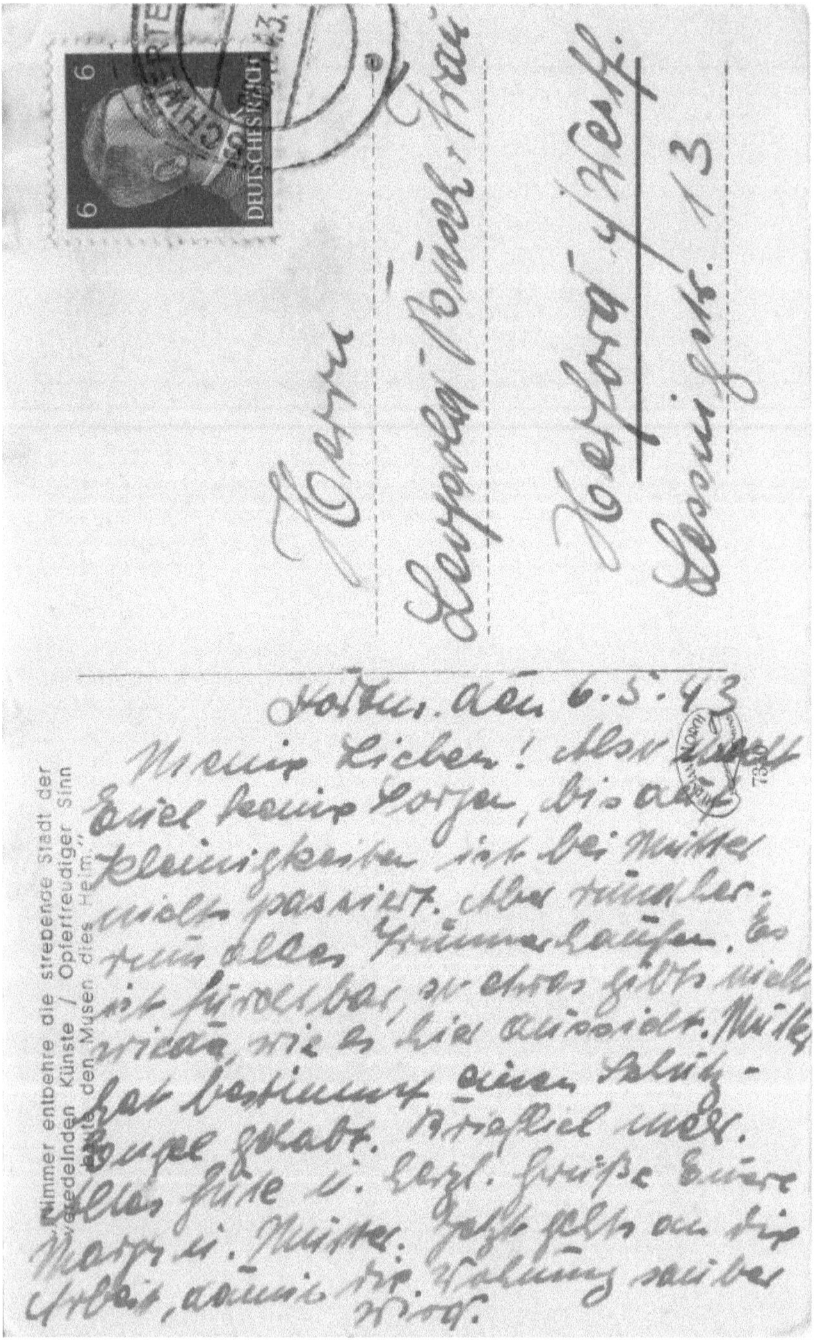

Herrn

Leopold Büsch, Frau

Hestra / Hest.
Steinigk. 13

Kottus, den 6.5.43
Meine Lieben! Also macht
Euch keine Sorgen, bis auf
Kleinigkeiten ist bei Mutter
nichts passiert. Aber wunder-
rein alles zusammenlaufen. Es
ist furchtbar, so etwas gibt nicht
wieder, wie es hier aussieht. Mutter
hat bestimmt einen Schutz-
engel gehabt. Brieflich mehr.
Alles Gute u. herzl. Grüße Euere
Marga u. Mutter. Jetzt geht an die
Arbeit, damit die Wohnung wieder
wird.

Dortmund. Stadttheater

Auf den Rückseiten dieser Karten berichte ich meiner Schwester und ihrem Mann vom Bombenangriff am 5. und 6. Mai 1943. Da dachten wir noch, schlimmer könne es nicht kommen.

Nach dem Bombenangriff vom 23. und 24. Mai 1943 in der Weiherstraße 19: Mutter und ich suchen die letzten Habseligkeiten zusammen. Mutter mit Hut. Vornehm geht die Welt zugrunde. Die Straße sieht geräumt aus. Wir waren im Juli 1943 dort. Vorher war kein Durchkommen. Ich war durch das Kellerfenster gekrochen, um das Eingemachte zu retten.

27 Juli 1943
Unsere lieben alten
Mauern zur Erinnerung
an die Jugendzeit.

Oma ganz traurig

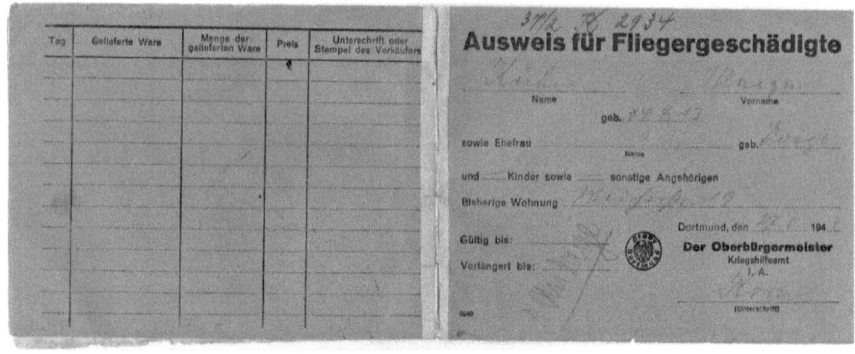

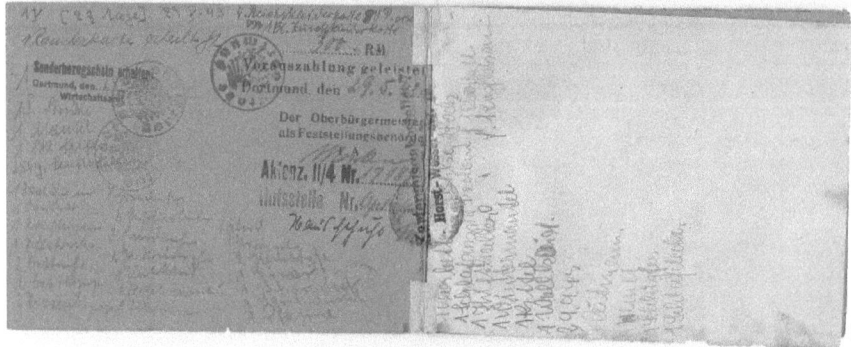

Selbst im größten Chaos gab es Stempel ohne Ende. Wer die wohl gerettet hatte?

Die Karte ist auf meinen Namen ausgestellt. Für Hausrat und Mobiliar bekam ich keine Sonderkarte. Ich war ja beim Luftwaffenkommando gut versorgt.

Auch Kalli hatte einiges an Bombenschäden, besonders sein Kof-
fergrammphon und die 50 Schellackplatten sowie das Akkordeon
vermisste er sehr.

Glücklich fiel mir Martha um den Hals, als ich in der Ausbildungskaserne in Gütersloh eintraf. Ich sollte zur Fernschreiberin ausgebildet werden. Das lag mir auf jeden Fall. Ein wenig Schreibmaschine hatte ich schon in der kaufmännischen Berufsschule erlernt und Klavierspielen konnte ich auch. Also an der Fingerfertigkeit sollte es nicht scheitern. Die Uniform saß auch gut. Allerdings vermisste ich nach einiger Zeit meine Zivilkleidung. Der modische Schick, mit dem ich mich stets zu kleiden wusste, kam mit einer Uniform zu kurz.

Das Leben in der Kaserne in Gütersloh gefiel mir ganz gut. Ich hatte auch den Vorteil, dass ich bei genehmigtem Ausgang meinen Vater in Wiedenbrück besuchen konnte. Seit dieser Zeit hatte ich einen guten Kontakt zu ihm aufgebaut. Wir verstanden uns wieder.

Auch mit den anderen Luftwaffenhelferinnen verband mich bald eine innige Gemeinschaft. Mit meinen fast 30 Jahren war ich die Älteste unter den jungen Mädels. Ich lernte Hilde Wittlake kennen. Sie wurde meine beste Freundin und wir waren während der gesamten Dienstzeit bis zum Ende des 2. Weltkrieges zusammen und auch darüber hinaus hielt unsere Freundschaft. Ohne Hilde wäre ich manches Mal verzweifelt vor Heimweh nach Dortmund und meiner Familie. Ein ganzes Jahr waren wir in Gütersloh eingesetzt.

Die Entlohnung – oder der Sold – war nicht schlecht. Ich bekam monatlich 130 Reichsmark auf ein Konto überwiesen. Es war das erste Mal, dass ich nicht mit Bargeld entlohnt wurde. Das Konto hatte ich bei der Sparkasse in Herford eingerichtet, weil meine Schwester dort wohnte und ich wusste, dass es bald in Richtung Front gehen sollte.

Bevor es aber soweit war, traf unsere Familie ein weiterer Schicksalsschlag: Die Bombenangriffe auf Dortmund und andere Städte nahmen an Heftigkeit zu. Meine Mutter schrieb mir oft, dass sie wieder die halbe Nacht im Luftschutzkeller verbracht habe. Sie war nie die Schnellste beim Laufen. Der Bunkereingang musste oft wegen ihrer Trödelei noch mal geöffnet werden. Unser Papchen ermahnte sie immer, doch einen Schritt zuzulegen, aber sie sagte stets: »Ich war schon in der Schule immer die Letzte.«

Am Morgen des 5. Mai 1943 kam unsere Ausbilderin und sagte: »Alle Luftwaffenhelferinnen aus Dortmund haben drei Tage Urlaub, um nach Hause zu fahren. Es hat schwere Angriffe gegeben. Fahrscheine gibt es in der Schreibstube. Beeilt euch.«

Ich packte rasch ein paar Sachen zusammen und stürmte zum Bahnhof. Dort wimmelte es vor Menschen, die auf einen Zug warteten. Ich konnte erst Stunden später einen erwischen.

Was mich in Dortmund erwartete, verschlug mir die Sprache. Ich wusste nicht, wo ich war. War ich auf unserem Bahnhof? Die Straßen waren nicht mehr zu erkennen. Ich orientierte mich an dem Turm unserer lieben *Reinoldi-Kirche*. Gott sei Dank, der Turm stand noch. Ich kletterte über Trümmer und kam angestaubt in der Weiherstraße an.

Mutter und Papchen hatten Glück gehabt, unser Haus stand noch. Aber ringsherum lag alles in Trümmern. In der Wohnung sah es auch wüst aus, aber wir konnten alles sauber machen, als es wieder Wasser gab. Meine Mutter war zitterig, sie lief hin und her und schaute, ob alles noch da war. Der Strom war auch ausgefallen. Wir hatten zum Glück noch *Hindenburglichter*.

Ich nutzte den letzten Tag des Urlaubs, um Seife, Schreibpapier und Stifte zu besorgen. Was heute so einfach zu bekommen ist, war in dieser Zeit ein Kraftakt. Bei meiner Suche nach diesen Luxusdingen kam ich auch bei Messling vorbei. Ich blickte durch das Schaufenster, das für meine Begriffe nicht gut gestaltet war. Aber ich sah weder Herrn Messling noch eine Verkäuferin. Dafür trat ich Töne auf die Füße. Wir fielen uns um den Hals. Er war in Uniform genau wie ich.

»Marga, sag bloß, du bist ein Blitzmädchen«, rief er aus.

»Jaja, aber noch in Ausbildung.«

»Was sagst du dazu?«, fragte er und wies mit der Hand auf die Trümmer.

Was sollte ich sagen? Ich schwieg.

»An der Front ist es ruhiger«, sagte er. »Hast du Lust, was trinken zu gehen?«

»Wie kannst du in dieser Zeit an Vergnügen denken?«, fragte ich vorwurfsvoll.

»Na, ob das ein Vergnügen wird, bei dem Gebräu, was neuerdings ausgeschenkt wird«, zweifelte er.

»Sag' mir lieber, wie es deiner Familie geht.«

»Die Kinder sind bei meinen Eltern auf dem Land. Anneliese ist am Arbeiten«, kam es kurz angebunden von ihm zurück. Irgendetwas stimmte bei ihm nicht. »Komm, lass uns wenigstens eine Zigarette zusammen rauchen«, bat er.

Woher wusste er, dass ich mir dieses Laster angewöhnt hatte? Kalli hatte bestimmt gepetzt. Ich konnte nicht widerstehen. Er gab mir seine gesamte Ration zum Abschied. Wir verabschiedeten uns.

»Sehen wir uns wieder?«, fragte er.

»Ganz bestimmt«, antwortete ich zuversichtlich. Wie sehr ich mich täuschte, stellte sich später heraus.

Gern hätte ich meiner Mutter noch geholfen, den Haushalt auf Vordermann zu bringen. Sie bat mich, meine Sachen möglichst mitzunehmen und bei meiner Schwester unterzubringen. Ich nahm das mit, was ich tragen und vielleicht später brauchen konnte, um es bei meinem Vater zu deponieren. Das erschien mir einfacher.

Drei Wochen später kam wieder unsere Ausbilderin angestürzt und schickte uns Dortmunderinnen erneut nach Hause. Das dauerte dieses Mal endlos lange, weil viele Bahnschienen zerstört waren.

Als ich endlich am 25. Mai 1943 aus dem Zug stieg, traute ich meinen Augen nicht: Schutt, Staub, verbranntes Mobiliar, geschmolzene Straßenbahnschienen und verbrannte Bäume musste ich überwinden. An der *Reinoldi-Kirche* konnte ich mich nicht mehr orientieren – der Turm war nicht zu sehen. Ich weiß nicht mehr, was ich dachte. Ich wollte nur nach Hause. Aber ich fand es nicht.

Eine Weile irrte ich umher, ohne genau zu wissen, wo ich war. Plötzlich stand ich in der Weiherstraße. Es ragten schwarzgeräucherte Fassaden in die Höhe. Dahinter war nichts. Rein gar nichts. Wo war mein Zuhause? Die Möbel? Das Klavier? Es war nicht zu begreifen.

Jetzt galt es erst einmal, meine Mutter und Papchen zu suchen. Es gab kein Telefon, keine Möglichkeit, wie man sich verständigen konnte. Ich fand an einem angekohlten Baumstumpf verschiedene Zettel befestigt. Die Bewohner der Straße hatten Nachrichten hinterlassen, wo sie jetzt zu finden seien. Blind vor Tränen studierte ich die Zettel, obwohl ich nichts erkennen konnte.

Auf einmal stand die Nachbarin von der ersten Etage neben mir. »Marga, deine Mutter ist in der Grubenstraße untergekommen. Ach, der Zettel ist bestimmt abgefallen. Marga … ist das die Apokalypse, von der in der Bibel die Rede ist?«

Ich war nicht in der Lage, ihr eine Antwort zu geben. Ich schlug mich zur Grubenstraße durch. Unterwegs begegneten mir graue Menschen. Sie waren im Gesicht, an der Kleidung, in den Haaren grau.

An der Klingel in der Grubenstraße war ein Zettel mit dem Namen von Mutter und Papchen angeklebt. Auf mein Klingeln hörte ich schwere Schritte eine Treppe hinuntergehen. Es war unser Papchen, der mir die Tür öffnete und mich wortlos hineinließ.

In einem winzigen Zimmer ohne Ofen oder Kochgelegenheit hockte meine geliebte Mutter auf einem dreibeinigen Schemel. Nie vergaß ich diesen Anblick und ich schwor mir, wenn dieses Inferno jemals beendet sein würde und das alte Leben wiederkäme, sollte es meiner Mutter nie wieder so jämmerlich ergehen. Dafür wollte ich sorgen.

Das Nächste, was wir angehen mussten, war Ersatz zu beschaffen. Ersatz an Mobiliar, Geschirr, Töpfen, Kleidung und Wäsche. Dazu benötigten wir einen *Ausweis für Fliegergeschädigte*. Den bekam man vom *Kriegshilfsamt*. Das in dem Chaos zu finden, war auch nicht einfach, zumal alles zu Fuß erledigt werden musste. Die Straßenbahnen fuhren noch nicht wieder durchgängig. Wohin hätten sie auch fahren sollen? In die Schutt- und Trümmerberge? Es dauerte einen Tag, bis wir die Sonderbezugskarten bekamen. Ich hatte sogar eine Raucherkarte erhalten. Angeblich nur, weil ich dem Militär unterstand.

Ich musste leider zurück nach Gütersloh. Kaum dort angekommen, bat ich um weiteren Urlaub. Den bekam ich auch anstandslos.

Im Juli 1943 war ich wieder in der Grubenstraße. Ich musste auf dem Fußboden schlafen. Der Besitzer, bei dem Mutter und ihr Mann einquartiert waren, gab nur das aller Nötigste heraus und sie musste regelmäßig betteln, um in der Küche des Wohnungsbesitzers das Wenige kochen zu dürfen. Mutter und Papchen hatten noch nicht einmal zwei Löffel, geschweige denn ein vollständiges Essbesteck. Beim Essen wechselten sie sich ab.

Papchen hatte sich wie viele Menschen weiter ins Land begeben. Er wollte Lebensmittel tauschen und eine Unterkunft suchen, die fern ab von Dortmund war. Deswegen zogen Mutter und ich allein in die Weiherstraße. Mutter setzte ihren leichten Sommerhut auf, als wollte sie mit mir im *Hain* spazieren gehen.

»Mutter, willst du etwa mit der Sonntagsgarderobe im Schutt wühlen?«

»Nein, ich nicht, aber du. Hier, nimm die Schürzen mit. Wir müssen vor allen Dingen versuchen, in den Keller zu gelangen. Dort steht noch mein großer Einmachvorrat. Viele Menschen dürfen die Häuser wegen Einsturzgefahr nicht mehr betreten. Vielleicht erfahre ich dort auch etwas über Wilhelmine.«

Wir nahmen eine Tasche mit. Den größten Teil des Weges mussten wir zu Fuß bewältigen. Für meine Mutter war es eine Tortur. Es fuhren nur wenige Straßenbahnen und die Sonne brannte unbarmherzig auf den meterhohen Schuttbergen. Wir versuchten, uns zu orientieren. Die Straßen waren teilweise nicht begehbar. Nie hätte ich es für möglich gehalten, dass ich den Weg nach Hause nicht finden würde.

Endlich standen wir in der Weiherstraße beziehungsweise was von ihr übrig war. Im ersten Moment dachte ich: *Oh, die Häuser sind ja noch da.* Doch dann nahm ich wahr, dass nur noch die Fassaden mit leeren Augen da standen. Neben mir bemerkte ich, dass Mutter von einem trocknen Schluchzen durchgeschüttelt wurde. Wir hielten uns bei den Händen. Erst jetzt wurde mir klar: Wir hatten kein Zuhause mehr. Ich weiß nicht, wie lange wir vor den Fassaden standen.

Mutters Überlebenswille meldete sich zurück: »Los, Marga. Vergeuden wir keine Zeit. Versuch', in den Keller zu gelangen. Wir brauchen dringend die Lebensmittelvorräte.«
Ich quälte mich durch den Kellerschacht und versuchte, im Dunkeln irgendetwas zu erkennen. Ich griff einfach das, was mir am nächsten stand. Bald schon gab ich die Sucherei auf, denn es schien mir doch zu gefährlich. Außerdem hatte ich den Eindruck, dass vor mir schon jemand gesucht hatte. Woher ich die Kaltschnäuzigkeit hatte, unser Unglück auch noch fotografisch festzuhalten, weiß ich nicht mehr. Von Wilhelmine fanden wir keine Nachricht.

Es war nicht das letzte Mal, dass meine Mutter ausgebombt wurde. Auch mit der Bleibe in der Grubenstraße war es bald vorbei. Die beiden kamen vorübergehend in Herford bei meiner Schwester Maria unter. Später erhielten sie ein Zimmer unterm Dach in der Kuhstraße in Geseke zugewiesen. Hier war es ruhig und ländlich. Die Dächer der Häuser waren weiß gepudert vom Zementwerk vor den Toren Gesekes. Es war zu hoffen, dass der Ort von Fliegerangriffen verschont blieb. Hier fanden die beiden eine neue Heimat und meine Mutter lebte dort bis zu ihrem 80. Lebensjahr.

Dann kam im Februar 1944 mein Einsatzbefehl: Es ging nach Polen, nach Reichshof. Ich hatte die irrige Hoffnung, dass ich in Polen näher an Töne wäre, der ja im Osten *lag*.

Drei Tage dauerte die Zugfahrt, immer wieder unterbrochen durch beschädigte Schienen und Fliegeralarm. In der Zwischenstation in Wadowitz wurden wir eingekleidet.

Am 17. Februar 1944 um 18 Uhr trafen wir in Reichshof ein. Es war dunkel. Die Wege führten aus der Stadt heraus durch ein Waldgebiet. Ich fühlte nur, dass die Wege ein einziges Matschfeld waren und meine Schuhe darin versanken.

Die Stuben und Dienststellen waren einfach eingerichtet. Wir Mädels teilten uns zu viert eine Stube. Wir mussten die Räume teilweise noch selbst einrichten und suchten aus verschiedenen Räumen Betten, Tische und Schränke zusammen. Es gab dabei tatkräftige männliche Hilfe. Die hier stationierten Soldaten schienen auf uns Neue schon sehnsüchtig gewartet zu haben. Ich wurde sofort von zwei recht charmanten und gut aussehenden Uniformierten umkreist. Der eine stellte sich als Otto vor, er hatte den jungen Karl im Schlepptau. Der andere war Gustav. Ich wusste noch nicht, dass einer von denen mal mein Ehemann werden würde.

Aber erst mal war nicht an ein Ende des Krieges zu denken. Ich wurde im Dreischichtbetrieb als Fernschreiberin eingesetzt und weil ich wirklich die Beste und Schnellste am Fernschreiber war, wurde ich bald häufiger angefordert. Die Doppelschichten wurden extra vergütet und das nahm ich gern mit.

Nach jeder, wirklich jeder Schicht stand entweder Otto mit Karl oder Gustav vor unserer Unterkunft und warteten auf mich. Wir rauchten dann gemeinsam eine Zigarette und sie versuchten, mich ins sogenannte *Kasino* oder zu einem Kaffee in Reichshof einzuladen. Es schmeichelte mir, dass die drei so um mich bemüht waren, obwohl es doch weitaus jüngere Mädels gab. Sie erzählten mir von ihrem Zuhause. Gustav war in einem kleinen Ort, Lautenthal beheimatet. Er trug sogar ein Eisernes Kreuz. Als ich ihm sagte, dass ich in Dortmund zu Hause sei, meinte er: »Da gibt's doch Bergwerke, wie bei uns in Lautenthal. Unsere Grube heißt Lautenthals Glück.«

»Was?«, rief ich erschrocken, »du gehst in' Pütt?«

»Was meinst du mit Pütt?«

»Na, Kohle unter Tage abbauen.«

»Nein«, sagte er stolz »wir fördern Silber. Außerdem bin ich Tischler und fahre nicht ein.«

»Und wo liegt dein Lautenthal?«

»Na, im Harz, in der Nähe von Seesen und Goslar.«

»Was, du kommst aus dem Harz? Da ist meine Mutter geboren. In Bad Sachsa. Und ich war als Kind auch im Harz. In Oker«, rief ich.

»Ja, das ist nicht weit von Lautenthal entfernt.«

Ich gebe zu, Gustav gefiel mir, aber Otto auch, na ja, und Karl war zu jung. In Wirklichkeit aber dachte ich jeden Tag mehr an meinen Töne. Mir gingen seine letzten Worte nicht aus dem Sinn. Irgendetwas stimmte bei ihm zu Hause nicht.

Am 04.04.1944 – meinem 31. Geburtstag – bekam ich Post von meiner Mutter, von meinem Bruder von der Front, von meiner Schwester aus Herford und auch … von Töne. Die Briefe kamen erst am späten Nachmittag. Ich hatte dienstfrei und konnte mich bis zum Nachmittag damit auseinandersetzten, dass ich mit 31 Jahren immer noch keinen Mann zum Heiraten gefunden hatte. Ich sah mich schon als alte Jungfer durchs Leben gehen. Vielleicht war ich ja schon eine?

Den Brief von Töne wollte ich zuletzt lesen. Gerade als ich mich durchgerungen hatte, seinen Feldpostbrief zu öffnen, ging die Tür auf und meine Kameradinnen standen da, sangen mir ein Ständchen. Hinter ihnen sah ich Otto, den jungen Karl und den hübschen Gustav. Auch sie wollten gratulieren. Otto küsste mir die Hand und gab mir ein Foto von sich und einen Blumenstrauß. Ich glaube, es waren Tulpen. Der junge Karl – der wich Otto nie von der Seite – gab mir auch ein Foto von sich und eine Zigarette, mit einem roten Band geschmückt. Gustav überreichte mir auch ein Porträtfoto. Das alles freute mich sehr. Der Fotograf im Ort hatte sicher gute Geschäfte mit uns allen gemacht. Dann ging die Tür nochmals auf. Unser Vorgesetzter kam herein, grüßte mit erhobenem Arm und salutierte vor mir. Er gratulierte recht herzlich und übergab mir ein Buch, als Geschenk, für meine Verdienste. Mir war nicht bewusst, dass ich besondere Verdienste geleistet hatte. Das Buch hieß *Hermann Göring – Mensch und Werk*. Ich hatte nie Zeit es zu lesen.

Ich war ungeduldig. Wollte ich doch den Brief von Töne in Ruhe und ganz für mich lesen, ihn genießen. Endlich zogen meine Kameradinnen ab, nachdem ich ihnen versprochen hatte, Kaffee und Kuchen auszugeben. Wobei … mit dem Kaffee hatte ich mich übernommen, es gab nur Ersatzkaffee. Trotzdem waren wir eine fröhliche Runde. Otto flüsterte mir ins Ohr: »Schade, dass wir uns nicht früher kennengelernt haben. Dann würde ich dir jetzt einen Heiratsantrag machen.« Ich schaute ihn an. Ja, er gefiel mir, aber er war verheiratet. Von denen hatte ich genug. Zur späteren Stunde bekam ich noch einen Antrag. Der junge Karl kam auf mich zugeschwankt: »Bitte, Marga, heirate mich«, sagte er mit schwerer Zunge. »Ich muss morgen an die Ostfront und ich will vor meinem Tod wenigstens mal verheiratet gewesen sein.« Ich schluckte, musste ich doch an meinen Bruder Kalli denken. »Lass' uns später darüber reden, wenn wir alle ausgeschlafen sind«, vertröstete ich ihn mütterlich. Gustav verabschiedete sich früh aus der Runde. Am nächsten Tag waren die drei bereits auf den Weg gegen Osten. Nur einen sah ich wieder.

Wegen dieser Feier kam ich erst am nächsten Tag dazu, den Brief von Töne zu lesen. Vorsichtig öffnete ich ihn. Das Papier war sehr dünn und ich wollte nicht riskieren, dass ich auch nur ein Wort wegen eingerissenem Papier nicht würde lesen können. Er gratulierte mir und schrieb liebevolle Zeilen. Mein Herz hüpfte vor

Freude, mein Verstand sagte: *Sei vorsichtig.* Das Herz siegte und ich las aus seinen Zeilen eine Liebeserklärung. Mein Verstand sagte mir aber, dass ich nicht auf das Herz hören solle. Ich tat etwas, worüber ich später noch lange verwundert war: Ich beantragte eine Kriegstrauung.

Nun muss man wissen, dass in diesen Zeiten die Postwege lang waren. Telefon hatten die wenigsten und Telegramme wurden nur im Notfall aufgegeben. Die Feldpostbriefe, die nur für Militärs transportiert wurden, waren auch nicht viel schneller. So kam ich erst Wochen später dazu, an das evangelische Pfarramt in Nauendorf bei Weißenfels zu schreiben. Dort war mein Vater geboren und ich erwartete die Nachricht, die meine arische Abstammung bestätigte. Das war zu dieser Zeit immer noch Gesetz.

Am 6. Juni 1944 – fast auf den Tag zwei Monate nach meinem Geburtstag – wurde es in unserer Einheit unruhig. Die befehlshabenden Offiziere liefen hektisch kreuz und quer durch die Gänge. Ich hatte gerade Dienst. Auf einmal kam ein Melder herein und rief, nein, er schrie es förmlich heraus: »Die Amerikaner sind in der Normandie gelandet.«

Alle redeten und riefen durcheinander: »Das gibt es doch nicht.«

Die Normandie war nicht so weit weg von Dortmund wie Reichshof, dachte ich noch. Dabei sollte ich in wenigen Tagen meinen ersten Urlaub antreten. Obwohl wir den ganzen Tag mit militärischen Fernschreiben zu tun hatten, konnten wir Hilfskräfte nicht entziffern, was da an wen geschrieben werden sollte. Die Informationen kamen spärlich und meistens auch verspätet. Aber das mit den Amerikanern konnte uns nun doch nicht verschwiegen werden. Mein Urlaub wurde gestrichen.

Ich machte mir Sorgen um meine Mutter und auch um meinen Bruder. Der war irgendwo im Westen eingesetzt. Er schrieb mir, dass seine Einheit in Richtung Osten verlegt werden würde und hoffte, dass er vorher noch einmal unsere Mutter besuchen könne. Die sei gerade in Herford bei unserer Schwester Maria.

Am meisten Sorgen machte ich mir um Töne. Der war schon eine ganze Weile im Osten eingesetzt. Die Briefe von ihm waren mal tief traurig, mal hoch euphorisch. Den letzten schrieb er mir am 19. Juni 1944.

Die nächste Zeit war ziemlich chaotisch. Am 20. Juli 1944 kam ein Eilbefehl, dass wir Reichshof sofort verlassen sollten. Sieben Tage später strandeten wir in einem Sammellager in Wadowitz in Oberschlesien. Erst dort erfuhren wir von dem Attentat auf Hitler. Wir waren geschockt. Wie konnte das geschehen? Und was wäre passiert, wenn das geklappt hätte?

Von Wadowitz aus wurden wir nach Dänemark verlegt. Ende des Monats Juli kamen wir in Aarhus an und ein paar Tage später ging es nach Aalborg. Ich nahm mir vor, nach Ende des Kriegsinfernos nie wieder mit einem Zug zu reisen. Wobei: Aalborg war eigentlich eine ganz schöne Zeit. Es gab keine Fliegerangriffe, keine Bombennächte, die Unterkunft war in Ordnung und wir hatten Sommer. Nie hätte ich geglaubt, dass ich mal im Skagerak baden würde. Doch das Drama nahm seinen Lauf.

Ganz selten und äußerst vorsichtig überlegte ich mit Hilde, welche Folgen auf uns zu kämen, wenn es den Amerikanern gelänge, den Rhein zu überqueren. Und wie die Ostfront sich entwickelte. Die Briefe meines Bruders und auch die von Töne sagten nichts darüber aus. Sicher durften sie nichts darüber berichten. Nach dem Krieg zeigte mir meine Mutter einen der letzten Briefe von Kalli, in dem er sie anflehte, ihm eine Nachricht über einen wiederholten Verlust durch weiteren Fliegerangriff mitzuteilen. Diesen Brief hatte sie sorgfältig in ihrer Kleidung versteckt, damit er nicht in falsche Hände geriet. Mit dem Brief wollte er seine Verlegung an die Ostfront verhindern. Daran erkannten wir, wie verzweifelt die Männer waren.

Auf dem Weg zur Ostfront schrieb er noch eine Karte und zwei Briefe. In einem der Briefe bat er Mutter, seine Papiere für eine Kriegstrauung mit einer Frau Windhöfer vorzubereiten. Kalli war ein

Frauenheld und spielte perfekt Klavier. Die Mädels machten es ihm auch leicht. Das lag vielleicht an der Kriegszeit, in der man das Leben schneller genießen wollte. Jedenfalls behauptete die Frau Windhöfer, Kalli sei der Vater ihres Kindes – ein kleines Mädchen. Kalli meinte das nicht. Aber die junge Mutter ließ sich so schnell nicht abschütteln. Sie verklagte ihn auf Unterhalt und bekam diesen auch zugesprochen. Dann besuchte sie Kalli sogar in seiner Unterkunft an der Westfront. Als er nun gegen Osten ziehen musste, schien er mit dem Leben abgeschlossen zu haben und wollte eine letzte persönliche Ordnung herstellen. Jedenfalls schrieb er wenige Tage vor seinem 30. Geburtstag, dass er die Kriegstrauung mit der jungen Mutter abgesprochen habe. Am 16. August 1944 kam sein letzter Brief, der verzweifelt klang. Und fünf Tage später bekam meine Mutter die Post, die jede Mutter in Kriegszeiten fürchtete: Mein Bruder Kalli war am 21. August 1944 an dem Fluss Bug im Osten gefallen.

Ich saß noch in Aalborg fest und bekam erst viel später die Todesnachricht durch meine Schwester in Herford mitgeteilt. Der Sonderurlaub wurde mir sofort genehmigt. Die Reise nach Herford war eine Expedition. Keiner kann sich heute mehr vorstellen, wie man sich von einem Bahnhof zum anderen hangelt. Umwege ohne Ende waren die Regel, zerstörte Bahnhöfe, Menschenmassen, die sich in die wenigen fahrbereiten Züge quetschten, stehend in Güterwaggons zwischen verwundeten Soldaten. Es gab Tieffliegerbeschuss auf freien Strecken. Auf dieser Fahrt wurde mir erstmals bewusst, dass der Krieg nicht zu gewinnen war.

Als ich dann endlich meine Mutter und Schwester umarmen konnte, flossen die Tränen reichlich. Zwei Tage habe ich geweint, um meinen Bruder, um die zerstörte Heimatstadt Dortmund, um meine Mutter, die ohne Bleibe war, um meine vergeudete Jugendzeit und um meinen *Töne*, von dem ich nichts hörte. Danach konnte ich nie wieder eine Träne vergießen.

Mein letzter Brief an *Töne* kam zurück. *Feldpostnummer nicht zustellbar*: *Töne* wurde als vermisst gemeldet. Mit einem Schlag waren alle meine Träume wiedermal zerplatzt. Das durfte doch nicht wahr sein! Sollte alles umsonst gewesen sein? Aber dann überlegte ich: *Was heißt schon vermisst?* Ich traute *Töne* zu, dass er sich irgendwie vom Feld gemacht haben könnte. *Vermisst* war doch nicht endgültig. Der fand sich bestimmt wieder ein. Außerdem musste ich zurück nach Aalborg. Viele Jahre später erzählte mir Martha, die nach Dortmund zurückgekehrt war, dass sie die Eltern von *Töne* traf. Seine Frau Anneliese kam bei einem der letzten Bombenangriffe zu Tode. *Töne* wurde nach wie vor vermisst. Die Kinder wuchsen bei den Großeltern auf.

Der Sonderurlaub ging vorbei und ich musste mich zurück auf den Weg nach Aalborg machen. Die Odyssee war ohnegleichen. Menschenmassen waren in allen Himmelsrichtungen unterwegs. In mir selber war eine große Leere. Es war mir egal, wie lange die Fahrt dauerte.

Im September 1944 bekam ich einen Feldpostbrief. Mein Herz hüpfte. Sollte mein *Töne* schreiben? Nein, die Feldpostnummer kannte ich nicht. Ich öffnete zitternd das hauchdünne Papier. Der Brief kam von Gustav. Er hatte an der Ostfront einen Granatsplitter abbekommen und saß nun in einem Lazarett in der Heimat. Von den anderen beiden wusste er nichts zu berichten. Dann kam eine Liebeserklärung. Er schrieb, ob ich denn nicht bemerkt hätte, wie sehr er mich verehrte und lieb gewonnen habe. *Nein*, dachte ich, *habe ich nicht bemerkt*. Es wäre sein größter Wunsch, mit mir für immer zusammen zu sein. Wir sollten so schnell wie möglich heiraten. Am besten wäre eine Kriegstrauung. Für den Fall, dass er noch mal an die Front müsse und nicht wiederkäme, wäre ich doch wenigstens abgesichert. Sollten wir den Krieg überleben, könne er für uns sorgen. Ich wüsste doch, dass er Tischler sei und sein Heimatort Lautenthal im Harz sei nicht zerstört. Er bekäme da bestimmt auch schnell eine Wohnung. Ja, dachte ich, aber ich wollte einen Mann, den ich wirklich liebte. Bei Gustav war ich mir nicht sicher, den kannte ich doch nur ein paar Wochen.

Ich schrieb meinem Vater und erzählte ihm von dem Heiratsantrag. Er machte mir Mut und schrieb: *Sag Ja. Wenn er Tischler ist, werdet ihr immer euer Auskommen haben. Auf jeden Fall geht er nicht in' Pütt. Und ob noch was Besseres kommt? Du bist nicht mehr die Jüngste.* Danke lieber Vater, das war mir auch bewusst. Und deshalb schrieb ich an Gustav: *Ja.* Mit diesem *Ja* gab ich *Töne* auf – dachte ich.

Ich wollte Gustav unbedingt eine gute und treue Frau werden. Ich wollte mir auch keine Gedanken mehr darüber machen, ob *Töne* schon wieder anderen Frauen schöne Augen machte. Irgendwie fühlte ich mich frei wie nie zuvor. Ich schrieb noch mal an das Pfarramt in Sachsen und erinnerte an meine Anfrage bezüglich des arischen Nachweises. Auf der Rückseite meiner Anfrage kam dann die Bestätigung.

Bis Weihnachten gingen Feldpostbriefe hin und her. Gustav verstand es, seine Handverletzung ganz langsam heilen zu lassen.

Der Winter 1944/45 in Aalborg war nur insofern auszuhalten, als dass wir genügend Heizmaterial hatten. Zu allem Übel mussten wir schon wieder weiterziehen. Im Februar 1945 landeten wir in Skanderbourg. In dem Kasernenbereich waren wir recht abgeschlossen, doch hin und wieder durften wir in den Ort. Auch hier hatte der Fotograf viel zu tun. Es war aber nicht zu übersehen, dass nicht nur der Fotograf uns widerwillig bediente. Auch andere Geschäftsinhaber verschlossen eher die Tür, als dass sie uns bedienten. Auch viele Flüchtlinge aus dem Osten wanderten umher, auf der Suche nach Essbarem, Heizbarem und sicher auch nach verloren gegangenen Kindern, Eltern, Verwandten und Freunden. Die Zeit in Dänemark machte mir bewusst, wie verhasst wir Deutschen waren und dass die Rache für die Apokalypse, die wir Deutschen weltweit angerichtet hatten, noch kommen würde.

Ich fragte Hilde, ob wir Frauen wohl auch in Kriegsgefangenschaft geraten würden, schließlich trugen wir Uniform. Sie wusste es auch nicht. Wir trauten uns nicht, jemand anderen danach zu fragen.

Die Fernschreibtätigkeit wurde immer mehr. Ich hätte zu gern gewusst, was da noch zu vermelden war. Die Fronten bröckelten an allen Ecken und Enden. Wie würde das Ende des Krieges ausgehen? Vor allem für mich? Ich packte heimlich schon mal meine wichtigsten Unterlagen in den Koffer und auch die Sommerkleidung. Wo sollte ich bleiben? Bei meiner Schwester war kein Platz mehr. Ich würde erst mal bei meinem Vater Unterschlupf suchen. Vielleicht würde ich auch in Dortmund unterkommen. Dann erfuhr ich von meiner Mutter, dass meine Freundin Martha wieder in Dortmund sei. In Zivil. Sie sei nicht mehr Luftwaffenhelferin. Wie sie das wohl angestellt hatte? Erst hatte sie mich zum Militär gelockt und jetzt machte sie sich heimlich aus dem Staub. Ich war empört.

Am 4. April 1945 – meinem 32. Geburtstag – nahm ich mir vor, auch den Dienst zu quittieren. Es sollte mein letzter Kriegsgeburtstag sein. Als ich mein *Kündigungsschreiben* in der Dienststelle abgeben wollte, stellte sich heraus, dass kein befugter Offizier vorhanden war und auch keine Aussicht bestand, dass mein Schreiben angenommen und akzeptiert werden würde. Hilde hatte ihr Schreiben erst gar nicht abgeben wollen.

Die Zeit verrann mit – aus meiner Sicht – sinnlosen Arbeiten. Am Fernschreiber wurde ich nicht mehr eingesetzt. Wahrscheinlich gab es nicht mehr viel zu vermelden. Erst viel später erfuhren wir, dass es einen Befehl gegeben hatte, alle Luftwaffenhelferinnen am 4. Mai 1945 aus den Dienst zu entlassen. Uns hatte man einfach vergessen.

Hilde und ich hatten jeden Tag große Angst, dass wir von den feindlichen Truppen verschleppt würden. Wir verabredeten einen Treffpunkt für die Zeit nach dem Krieg in Dortmund an der *Reinoldi-Kirche* beziehungsweise dem, was von ihr noch übrig war. Wir hörten von den Flüchtlingen aus dem Osten, die in letzter Sekunde vor den nicht aufzuhaltenden Russen entkommen waren, fürchterliche Geschichten. Die Rache der Sieger war nicht aufzuhalten.

Ich weiß nicht mehr, wie die Zeit bis zum Kriegsende vergangen ist. In diesen Wochen dachte ich viel an *Töne* und bekam erste Zweifel, ob er dem Gemetzel entkommen könnte. Hilde und ich harrten in unserer Unterkunft aus wie die Kaninchen vor der Schlange. Wir sprachen jetzt auch offen darüber, wie dieses Inferno entstehen konnte und ob wir beide eine Schuld auf uns geladen hätten. Wir waren hin- und hergerissen und konnten keine Antwort finden.

Dann kam der 8. Mai 1945. Wir waren alle sehr still, als der letzte diensthabende Unteroffizier uns mitteilte, dass Deutschland kapituliert habe. Hilde und ich fassten uns an den Händen. Es ist schon merkwürdig, was einem für Gedanken kommen, in solch einer Katastrophe. Mir schoss durch den Kopf, dass meine geplante Kriegstrauung mit Gustav hinfällig war.

Am Abend standen englische Soldaten vor uns. Sie trieben uns verbliebene Luftwaffenhelferinnen recht massiv auf ein Barackengelände und bewachten uns dort. Am 14. Mai wurden wir nach Harriesleben in ein Sammellager verfrachtet. Hier mussten wir zwei Monate in primitivsten Baracken hausen. Jetzt waren wir Kriegsgefangene. Gefangen. – Das war das Schlimmste, was mir passieren konnte. Den anderen Mädels natürlich auch, aber ich litt besonders darunter, nicht mehr selbst über mein Tun und Lassen bestimmen zu können. Wir wurden der Reihe nach fotografiert. Dann wurden wir einzeln zur Befragung kommandiert. Jeden Tag bei einem anderen Offizier und immer dieselben Fragen: Wieso sind Sie Luftwaffenhelferin geworden? Was waren Ihre Aufgaben? Was haben Sie genau geschrieben? Wer waren Ihre Vorgesetzten? Was haben Sie vor dem Krieg gemacht? Waren Sie schon vor dem Krieg im Ausland? Was wissen Sie über die Konzentrationslager? Wir mussten uns gruselige Filme ansehen und konnten nicht glauben, was uns da gezeigt wurde. Ja, gab ich an, ich wusste von Lagern. Weder in unserer Familie noch in meinem Bekannten- und

Freundeskreis wurde offen darüber gesprochen. Ich kannte auch niemanden, der in einem solchen Lager war. Deswegen war ich immer der Meinung, dass dort Gesetzesbrecher einsaßen. Was wussten diese jungen englischen Offiziere, wie es in Deutschland zuging? Auch für mich war Hitler zu Beginn derjenige, dem meine Geschwister und ich wieder Arbeit verdankten, ohne dass wir im Ausland danach suchen mussten. Aber die Heimlichtuerei, auch unter Freunden, und dass Wilhelmine – die Freundin meiner Mutter – denunziert wurde, weil sie für meine erste Hochzeit ein Geschenk in einem jüdischen Laden kaufen wollte, das machte mich seinerzeit schon sehr nachdenklich. Ob der englische Offizier mir glaubte, dass ich zwangsweise zum Militärdienst einberufen wurde, weiß ich nicht. Ich konnte und wollte mich jetzt nicht mit den Geschehnissen befassen. Ich musste meine Gedanken darauf ausrichten, was aus mir werden sollte, wo ich wohnen konnte, wo ich was zu essen herbekam.

Am 18. Juli 1945 wurden wir nach Rendsburg in die dortige Kaserne gebracht. Und auf einmal ging alles rasend schnell: Der Offizier gab mir den englischen Entlassungsschein, auf dem ich mit meinem Fingerabdruck *unterschreiben* musste. Er fragte, ob ich mich nicht wundere, dass ich so schnell freikäme? Ich schaute ihn fragend an, weil ich nicht verstand, was er meinte. Dann sagte er: »Ich habe einen holländischen Zahnarzt in meinem Regiment. Der erzählte mir von einer Pelznäherin aus Dortmund, die bei ihm mal gearbeitet habe und die seinen Freunden in großer Not geholfen habe. Er wusste ihren Namen und hat sie auf dem Bild erkannt.« Ich schluckte. Aber der Kloß im Hals wurde immer größer und ich wurde von einem trockenen Schluchzen geschüttelt. Ich nahm das Papier an mich und ging zur Tür hinaus. Auf einem Lastwagen der Befreier ging es mehrere Tage über Minden nach Herford.

Wilhelm Messling
Pelzhaus, Hut- und Schirm-
Spezialgeschäft
Stammhaus gegründet 1863
Bankverbindung:
Stadtbank Dortmund 7588
Postscheckkonto: Dortmund 32756
Fernruf 22910

Dortmund, den 14. 10. 1942
Ostenhellweg 13

Frau

Marga K ü h n

D o r t m u n d

Ich fordere Sie auf bis Freitag den 16. d. Mts.
Ihren Arbeitsplatz einnehmen, da ich sonst die Angelegenheit
dem Treuhänder der Arbeit übergeben. Sie wissen, dass Sie nicht
fernbleiben dürfen, und haben die Folgen zu tragen.

Heil Hitler!

107

Dortmund   den 17. November 194 2

Entscheid!

In der Arbeitsplatzwechselsache der/dexx   Vgn.   Margarete K ü h n,

Dortmund, Weiherstr. 19

, Antragsteller(in),

wegen Lösung des Arbeitsverhältnisses mit der/dexx   Firma

Wilhelm Meßling, Dortmund

wird auf Grund der Verordnung über die Beschränkung des Arbeitsplatzwechsels vom 1. 9. 1939 (RGBl. I S 1685) wie folgt entschieden:

Der beabsichtigten Kündigung wird zugestimmt. Der Antragstellerin wird im Falle der Kündigung auferlegt, eine vom Arbeitsamt zugewiesene Stelle als Luftnachrichtenhelferin anzunehmen. Die Zustimmung gilt nur für eine Kündigung, die bis zum 30.11.42 ausgesprochen wird; eine nach diesem Zeitpunkt ausgesprochene Kündigung ist unwirksam. Über die rechtliche Zulässigkeit der Kündigung wird hierdurch nicht entschieden, ebenso bleibt die Innehaltung der erforderlichen Kündigungsfristen unberührt. Die Entscheidung ergeht gebührenfrei.

In Vertretung

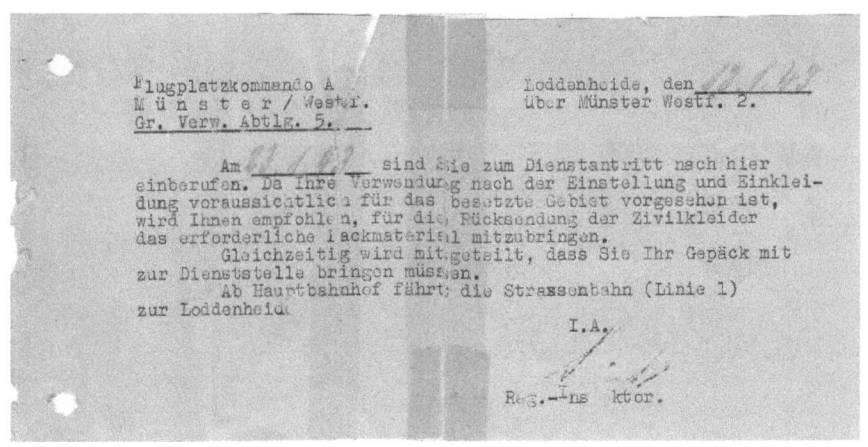

Das besiegelte das Ende meines zivilen Arbeitslebens ...

... und den Beginn des militärischen Lebens als Luftwaffenhelferin für Fernschreiben in Gütersloh; mit weißer Bluse stehe ich neben meinen Kameradinnen.

Mädchen in Uniform, heute ganz
selbstverständlich

Hintere Reihe, 2. v. links, bin
ich, natürlich im Pelz.

Die Prüfungen alle bestanden. Da waren wir noch fröhlich.

Den einen habe ich aufgehoben

Meine Verehrer in Reichshof:
oben Otto, rechts Gustav

Gültig nur für die auf der Rückseite Ziff. 1 angegebenen Züge.

Kleiner Wehrmachtfahrschein, Teil 1

(Wird bei Antritt der Reise von der Eisenbahn abgenommen)

für ___ in Buchstaben ___ Personen in der 2. Klasse
für __1__ in Buchstaben ___ Personen in der 3. Klasse
für ___ in Buchstaben ___ Diensthunde

für am Gepäckschalter aufzugebendes Reisegepäck (nicht Handgepäck)
von ___ in Buchstaben ___ Personen
zur einmaligen Fahrt auf der Eisenbahn

von Bahnhof ___
nach Bahnhof ___
über ___
Das Fahrgeld ist zu stunden.

Ausgefertigt am ___ 30. Jany. 1945

Dienststelle L 58930
Lg. Pa. Hamburg 1
(Truppenteil bzw. Feldpostnummer)

(Dienststempel)

(Unterschrift, Dienstgrad, Dienststellung)
Oblt. u. Komp. Chef

Gültig nur für die auf der Rückseite Ziff. 1 angegebenen Züge.

Kleiner Wehrmachtfahrschein, Teil 2

(Gilt als Fahrausweis und ist bei Beendigung der Reise auf dem Zielbahnhof abzugeben)

für ___ in Buchstaben ___ Personen in der 2. Klasse
für __1__ in Buchstaben ___ Personen in der 3. Klasse
für ___ in Buchstaben ___ Diensthunde

für am Gepäckschalter aufzugebendes Reisegepäck (nicht Handgepäck)
von ___ in Buchstaben ___ Personen
zur einmaligen Fahrt auf der Eisenbahn

von Bahnhof ___
nach Bahnhof ___
über ___
Das Fahrgeld ist zu stunden.

Ausgefertigt am ___ 30. Jany. 1945

Dienststelle L 58930
Lg. Pa. Hamburg 1
(Truppenteil bzw. Feldpostnummer)

(Dienststempel)

(Unterschrift, Dienstgrad, Dienststellung)
Oblt. u. Komp. Chef

Form. W 30 c
E-0258 411
H. O. Persiehl Haus für Kontorbedarf
Hamburg 11, Brandstwiete 1-5

Damit gings auf Reisen, Formulare, Stempel, Unterschriften funktionierte noch alles

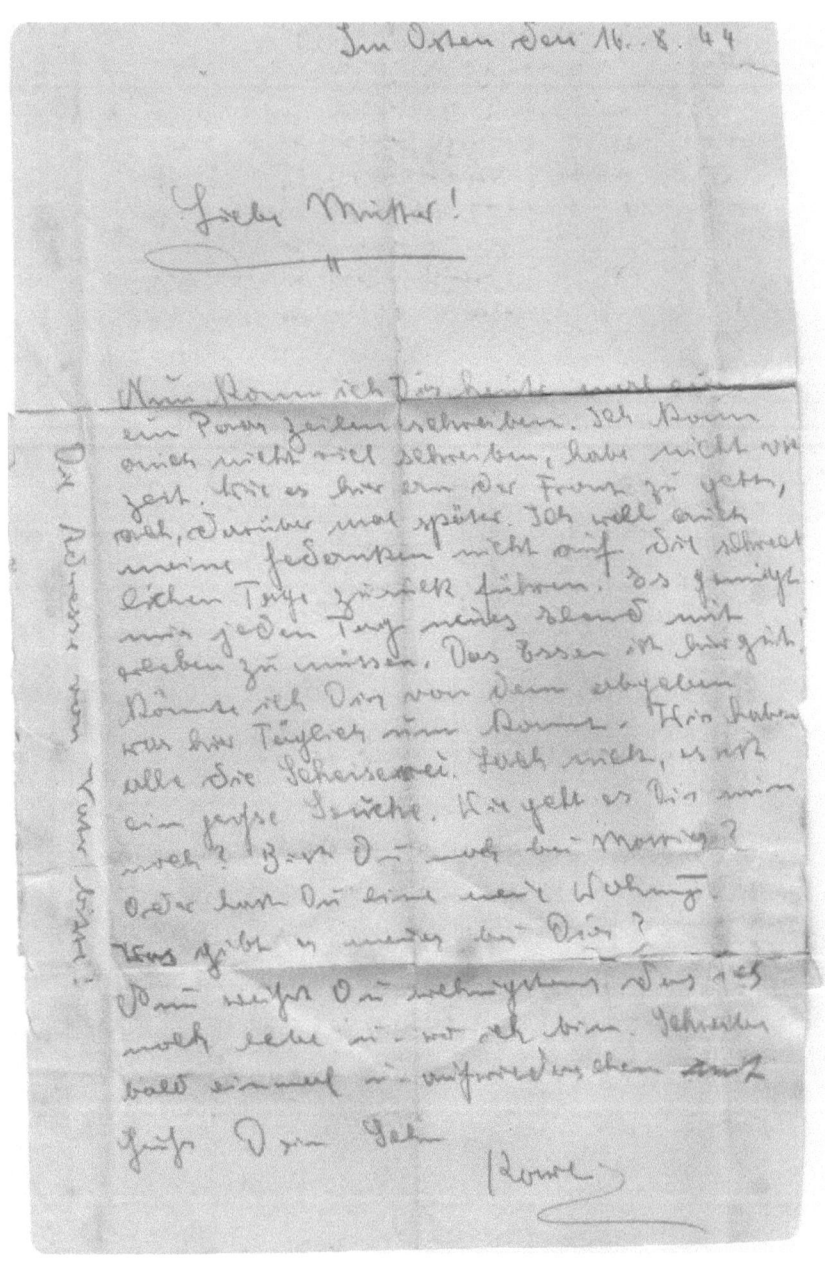

Der letzte Brief meines Bruders Kalli von der Front an unsere Mutter

114

Fünf Tage später: Der grausamste Brief für eine Mutter, gerichtet an unsere Schwester Maria.

Letzte Brief von Töne, meiner großen Liebe

und ich bin wieder froh!

Nun möchte ich gerne wissen, wie es Dir geht!
Was machst Du noch so, ich nehme alles Dir
Dir. Und trage ich so gute Hoffnung für Dich!
Bei mir ist alles noch in bester Ordnung, immer
bekomme ich von meinen Lieben von der besten
Nachrichten. Mein Annelieschen war krank aber
es geht ihr wieder gut und sie bleibt wieder
ihren spazieren!

Meinen Sohn geht es auch besten Anny schreibt
mir, er sei so drollig; er sagt immer Mutti kommen
ich will Dich drücke; wenn Mutti kommt spricht er
gleich Dich fort!

So schade ist es, daß ich alle diese Freuden
nicht mit erleben darf! Gebe Gott alle meine
Wünsche gehen in Erfüllung und immer alles
Hoffen wird Wahrheit!

Also Morena, nehme Dir diese Zeilen
für heute hinnen und Gemahlich alle
Liebe und Güte
wie immer herzlichst,
Toni!

Hoffen kann es aus dem Krieg nicht zurück. Verzweifelt!!
Wo bist Du geblieben? Du wärst allein bei den Soldaten...

CERTIFICATE OF DISCHARGE
Entlassungschein

| ALL ENTRIES WILL BE MADE IN BLOCK LATIN CAPITALS AND WILL BE MADE IN INK OR TYPE-SCRIPT. | I PERSONAL PARTICULARS Personalbeschreibung | Dieses Blatt muss in folgender weise ausgefüllt werden: 1. In lateinischer Druckschrift und in grossen Buchstaben. 2. Mit Tinte oder mit Schreibmaschine. |

SURNAME OF HOLDER **Kühn**
Familienname des Inhabers

CHRISTIAN NAMES **Margarete**
Vornamen des Inhabers

CIVIL OCCUPATION **Relznäherin**
Beruf oder Beschäftigung

HOME ADDRESS Strasse **Weiher 15**
Heimatanschrift Ort **Dortmund**
Kreis ......
Regierungsbezirk/Land
Arnsberg

DATE OF BIRTH **4.4.13**
Geburtsdatum (DAY/MONTH/YEAR) Tag/Monat/Jahr

PLACE OF BIRTH **Dortmund**
Geburtsort

FAMILY STATUS SINGLE † Ledig
Familienstand MARRIED Verheiratet
WIDOW(ER) Verwitwet
DIVORCED Geschieden

NUMBER OF CHILDREN WHO ARE MINORS
Zahl der minderjährigen Kinder ......

I HEREBY CERTIFY THAT TO THE BEST OF MY KNOWLEDGE AND BELIEF THE PARTICULARS GIVEN ABOVE ARE TRUE. I ALSO CERTIFY THAT I HAVE READ AND UNDERSTOOD THE "INSTRUCTIONS TO PERSONNEL ON DISCHARGE" (CONTROL FORM D.1).
SIGNATURE OF HOLDER ......
Unterschrift des Inhabers

Ich erkläre hiermit, nach bestem Wissen und Gewissen, dass die obigen Angaben wahr sind. Ich bestätige ausserdem dass ich die "Anweisung für Soldaten und Angehörige Militär-ähnlicher Organisationen" u.s.w. (Kontrollblatt D.1) gelesen und verstanden habe.

II
MEDICAL CERTIFICATE
Ärztlicher Befund

DISTINGUISHING MARKS ......
Besondere Kennzeichen

DISABILITY, WITH DESCRIPTION ......
Dienstunfähigkeit, mit Beschreibung

MEDICAL CATEGORY ......
Tauglichkeitsgrad

I CERTIFY THAT TO THE BEST OF MY KNOWLEDGE AND BELIEF THE ABOVE PARTICULARS RELATING TO THE HOLDER ARE TRUE AND THAT HE IS NOT VERMINOUS OR SUFFERING FROM ANY INFECTIOUS OR CONTAGIOUS DISEASE.

Ich erkläre hiermit, nach bestem Wissen und Gewissen, dass die obigen Angaben wahr sind, dass der Inhaber ungezieferfrei ist und dass er keinerlei ansteckende oder übertragbare Krankheit hat.

SIGNATURE OF MEDICAL OFFICER ......
Unterschrift des Sanitätsoffiziers

NAME AND RANK OF MEDICAL OFFICER IN BLOCK LATIN CAPITALS ......
Zuname/Vorname/Dienstgrad des Sanitätsoffiziers (in lateinischer Druckschrift und in grossen Buchstaben)

P.T.O.
Bitte wenden

† DELETE THAT WHICH IS INAPPLICABLE
Nichtzutreffendes durchstreichen

118

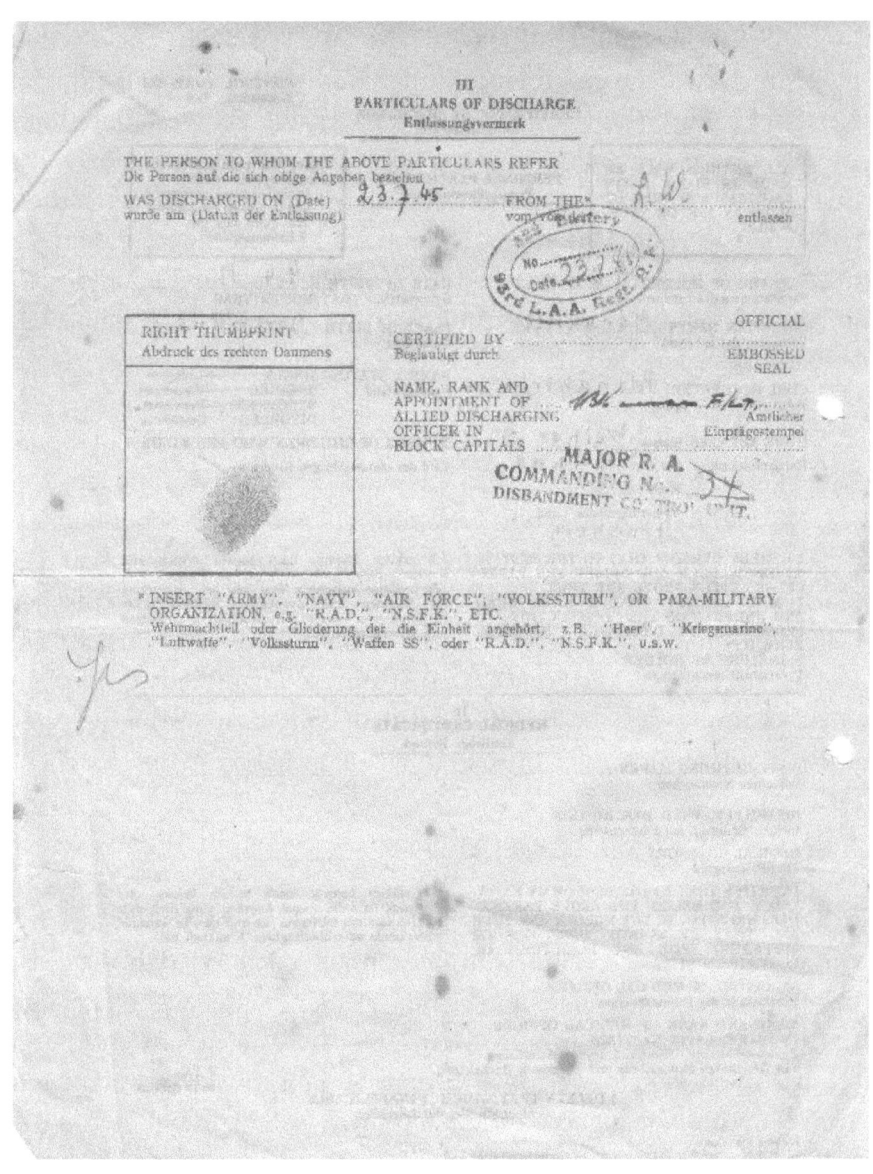

Für mich war der Krieg zu Ende.

Meine Schwester Maria öffnete mir die Tür. Wir fielen uns um den Hals. In der Küche saß meine Mutter und schälte verschrumpelte Kartoffeln. Ein Strahlen ging über ihr Gesicht. Schwerfällig stand sie auf und nahm mich in den Arm. Das war der Auslöser für mich, hemmungslos zu schluchzen. Ein trockenes Weinen schüttelte meinen Körper. Maria versuchte, mich zu beruhigen, indem sie mich zum Sofa führte. Dann redeten wir alle drei durcheinander.

Maria war die Erste, die praktisch dachte. »Hast du deine Lebensmittelkarten dabei? Sonst wird's eng mit dem Essen«, fragte sie.

»Ja, natürlich habe ich alles dabei. Wir können auch zur Sparkasse gehen und meinen restlichen Sold holen«, antwortete ich.

»Na, wenn das man schon funktioniert« gab sie zu bedenken.

Unsere Mutter wohnte allein bei Maria. Das Papchen war bei Nachbarn einquartiert. Marias Mann, Leo, war in französischer Gefangenschaft und sie hoffte, dass er bald entlassen würde. Deswegen sagte sie: »Marga, du kannst nur solange bleiben, bis Leo zurückkommt. Am besten, du gehst erst mal zu unserem Vater nach Wiedenbrück. Der müsste doch Platz haben für seine Tochter.«

Ja, das sah ich ein. Es war wirklich sehr beengt in Marias kleiner Wohnung.

Die ersten Tage schlief ich auf dem Fußboden in der Küche. Dann versuchte ich, eine Fahrgelegenheit nach Wiedenbrück zu bekommen. Irgendwie gelang es mir, mit einem der wenigen Züge nach Wiedenbrück zu fahren. Mein Vater freute sich aufrichtig und schloss mich in seine Arme. Mit über 50 Jahren war er auch noch zum Militär eingezogen worden. Jetzt war er 56 Jahre alt, ohne Arbeit und mit knappen Lebensmittelkarten.

Wir sprachen über Kalli, der mit 30 Jahren sein Leben sinnlos hergeben musste. »Marga, lieber hätte ich mein Leben hingegeben, als dass mein Kalli sterben musste. Es bedrückt mich sehr. Warum das alles?« Mein Vater war betrübt. »Na, wenigstens bist du mit heiler Haut davon gekommen«, tröstete er sich und mich. Er fragte noch, ob es *seiner Alma* gut gehe.

»Vatter, ihr seit geschieden. Sie ist jetzt Papchens Alma«, erinnerte ich ihn.

»Hömma, Marga, ich habe ein Fahrrad für dich aufgetrieben. Kannst es ja mal ausprobieren«, eröffnete er mir.

Irgendwie fühlte ich mich bei seinem *hömma* an Dortmund erinnert und eine ganz stark Sehnsucht überkam mich. »Meinst du, ich schaffe es von Wiedenbrück nach Dortmund zu radeln?«, fragte ich, erfreut über diese Überraschung.

»Mädchen, das sind fast achtzig Kilometer. Was willst du in Dortmund? Da gibt es nichts mehr. Es wird überlegt, ob die Stadt überhaupt wieder aufgebaut werden kann. Nichts. Nichts. Gar nichts ist mehr vorhanden. Nichts erkennst du wieder.« So aufgewühlt hatte ich meinen Vater noch nie erlebt. »Statt Dortmund solltest du lieber deinen Gustav besuchen. Den gibt es doch noch, oder?«, fragte er.

Ich hatte auch daran gedacht, den Gedanken aber erst mal weggeschoben. Meine Hoffnung war Dortmund – und *Töne* –, nicht der Harz. Von da an bearbeitete mein Vater mich jeden Tag, an Gustav zu schreiben und meine Reise dorthin vorzubereiten.

Das Fahrrad tat mir gute Dienste. Leider nicht lange. Auf einer Einkaufstour über Land wurde ich es los.

Ich radelte allein in Richtung Gütersloh. Da kam mir ein Jeep entgegen, hielt an und ein englischer Soldat sprang heraus. Der Fahrer blieb sitzen. Der Soldat hielt mir eine Waffe unter die Nase und sprach mich auf Englisch an. Er zerrte dabei an meinem Fahrrad. Das hielt ich aber krampfhaft fest, bis er mir einen heftigen Stoß versetzte und ich samt Fahrrad in den Straßengraben fiel. Er nahm das Fahrrad, warf es in den Jeep und weg waren die beiden.

Ich rappelt mich empört auf und schrie laut um Hilfe, doch niemand war zu sehen, der mir helfen konnte.

Meine Wut steigerte sich mit jedem Schritt in Richtung Wieden-brück. Verschwitzt und abgekämpft kam ich bei meine Vater an. Er war aber nicht daheim. Ich überlegte: Sollte ich zur englischen Kommandantur gehen und den Vorfall melden? Bekäme ich mein Fahrrad zurück? Plünderungen waren doch verboten.

Meinen Vater konnte ich erst am nächsten Tag fragen, doch eine große Hilfe war er nicht. Er hatte seine alte Gewohnheit wieder aufgenommen und versackte regelmäßig in einer Eckkneipe. Die gab es wieder zur Genüge.

So entschied ich, dass ich den Vorfall bei der englischen Kommandantur anzeigen würde. Ich hatte wider Erwarten Glück. Der Offizier der Militärpolizei war sehr höflich zu mir. Leider konnte ich ihm weder den Jeep noch die Soldaten beschreiben. Aber mein Fahrrad. Und siehe da, nach einer halben Stunde konnte ich mit meinem Fahrrad abziehen.

Das alles bestärkte mich nun, die Reise in den Harz anzutreten. Gustav schrieb mir nur ein, zwei Mal. Es gab kein Schreibpapier. Aber er freute sich, dass ich ihn nun besuchen wollte. Alles weitere würde man dann sehen. Mein Vater schien erleichtert, als ich ihm von meinen Plänen erzählte. Und so packte ich meine Sachen – bis auf das Fahrrad – zusammen und machte mich auf den Weg.

Zunächst erst mal zu meiner Mutter, die inzwischen mit dem Papchen zusammen eine Wohnung in Geseke zugewiesen bekam. Es war auch dort kein Platz für mich. Na ja, *Wohnung* war übertrie-ben. Vielmehr war es erst ein Zimmer und etwas später zwei. Mit Waschgelegenheit auf dem Flur und Toilette eine Treppe tiefer. Schweren Herzens verabschiedete ich mich von den beiden. Auf dem Weg zum Bahnhof bekam ich das heulende Elend. Mir wurde bewusst, dass ich heimatlos durch die Lande irrte.

Die Fahrerlaubnis bekam ich, weil ich innerhalb der englischen Besatzungszone reiste. Ich war einen ganzen Tag unterwegs, bis ich in Goslar am Bahnhof ankam. Obwohl Gustav nicht wissen konnte, mit welchem Zug ich eintreffen würde, stand er wartend am Bahnsteig. Das freute mich sehr. Er begrüßte mich förmlich und wir konnten gleich in den Zug nach Lautenthal einsteigen. Es tat meinen Augen wohl, durch unzerstörte Städte und Dörfer zu reisen. Der Herbst begann schon die Blätter zu färben. Ich freute mich jetzt auf einen neuen Anfang. Mit Gustav.

Ich lehnte mich aus dem Waggonfenster, um den Ort mit allen Sinnen aufzunehmen. Der Rauch der Lokomotive nahm wir zwar die Sicht und den Atem, trotzdem sah ich die Berge und den kleinen Ort, der idyllisch im Tal eingebettet war. Auf den Bergwiesen weideten noch Kühe und auch Ziegen. Die Kirche war zu sehen, hohe Schornsteine, aber kein Förderturm des Bergwerks. Dafür fuhr der Zug an weiteren Industriegebäude vorbei, die mich an die Eisenhütten in Dortmund erinnerten. Ich dachte: *Na, so klein und hinterwälderisch ist es ja doch nicht.*

Gustav unterbrach meine Gedanken: »Ich habe dich im Hotel Waldschlösschen untergebracht.«

Das hörte sich schon mal gut an.

Unser Zusammensein musste sich erst wieder neu orientieren. So kameradschaftlich und locker wie in Reichshof stellte es sich nicht gleich wieder ein. Wir waren beide etwas zurückhaltend, abwartend.

Der Hotelbesitzer – ich glaube, er hieß Mootz – war erfreut über einen seiner ersten Gäste. »Haben Sie auch Ihre Lebensmittelkarten dabei?«, war die erste Frage. »Und es wäre auch gut, wenn Sie etwas für die Beheizung ihres Zimmers beitragen könnten.«

Darum wollte sich Gustav kümmern. Nachdem er sich verabschiedet hatte, schrieb ich trotz der späten Stunde einen Brief an meine Mutter. Am nächsten Tag wollte Gustav mich seiner Familie vorstellen. Auf dem Weg dorthin würde ich bestimmt auch einen Briefkasten finden.

Ich war gespannt auf die Familie von Gustav. Ich wusste zwar, dass Vater und Mutter bereits verstorben waren, als er noch ein Kind war, aber wer da jetzt zur Familie zählte, war mir unbekannt.

Das blieb es auch eine ganze Weile noch, weil ich einfach nicht durchblickte, wer zu wem gehörte und wer nicht. Ich wurde freundlich, aber zurückhaltend begrüßt. Es hatte sich rumgesprochen, dass Gustav eine angeblich exzentrische Großstadt-Dame im Schlepptau hatte. Die war geschieden und auch noch fünf Jahre älter als er und rauchte. Wobei … das Rauchen hatte ich erst mal aufgegeben.

Für den Besuch hatte ich mich fein gemacht, natürlich mit Pelz, denn es war ein kühler Herbsttag. Der Weg vom Waldschlösschen zum Bischhofstal war ganz schön lang. Ein paar englische Militärfahrzeuge fuhren an uns vorbei. Gustav gab sich als Fremdenführer redlich Mühe. Es gab neben dem Silberbergwerk einige Industriebetriebe, von denen Gustav hoffte, dass er dort bald Arbeit finden würde. Es gab ein Rathaus, Lebensmittelgeschäfte ohne Lebensmittel, Schlachter ohne Fleisch und Wurst, Bekleidungsgeschäft, Juwelier, Schule, Schwimmbad, Banken, Hotels und Gaststuben. Ich war überrascht. Das war ja wie in Dortmund, nur kleiner. Da würde es mir nicht schwerfallen, mich einzuleben.

Ich fragte Gustav nicht, von was er denn jetzt lebte. Ich für meinen Teil hatte ja die Ersparnisse vom Sold. Aber für die Papierscheine gab es nichts zu kaufen und so verlegten wir uns aufs Tauschen. Zum Beispiel mit Seife: Die hatte ich in großen Mengen aus der Militärzeit *gebunkert*.

Der Besuch bei den Zieheltern von Gustav verlief wie gesagt, freundlich, dafür kurz.

»Wo wohnst du denn jetzt, Gustav?«, fragte ich ihn.

»Na, hier«, war seine Antwort.

»Ist das nicht alles ein bisschen eng?«, fragte ich weiter.

»Jaja, deswegen wäre es auch schön, wenn wir bald heiraten könnten. Dann kann ich mich um eine Wohnung für uns bemühen. Ich hätte sogar jetzt schon eine in Aussicht«, kam er mit der Neuigkeit heraus. »Du willst doch noch, oder?«, kam es etwas ängstlich von ihm.

»Ja«, sagte ich mit fester Stimme. Es gab kein Zurück für mich. Wo hätte ich bleiben sollen? Der Ort gefiel mir, Gustav gefiel mir. Was wollte ich mehr? *Töne?* Den musste ich mir aus den Kopf schlagen.

Gustav und ich verbrachten zwei schöne herbstliche Wochen und als ich an die Rückreise denken musste, hatte Gustav bereits die Überraschung perfekt gemacht: Die winzige Wohnung in der Hahnenkleer Straße hatte er schon gemietet. Die älteren Besitzer waren froh, die Zimmer einem Einheimischen zu überlassen, der auch noch handwerklich geschickt war. Deswegen wollten Sie auch warten, bis wir als Eheleute einziehen konnten. So machte ich mich auf die Rückreise zu meinem Vater, um meine restlichen Sachen und vor allem das Fahrrad zu holen.

Bald stand Weihnachten vor der Tür. Mein Vater redete mir zu, das Fest im Harz mit Gustav zu verbringen. Dann würden wir uns noch besser kennenlernen. Er bedrängte mich, bald wieder abzureisen. So versuchte ich, einen Zug nach Geseke zu bekommen. Obwohl der Weg nicht weit war, dauerte es einen Tag, bis ich fahren konnte. Meine Mutter wollte mich nicht so bald wieder fort lassen. Als es doch soweit war, bepackte sie mich wie einen Esel mit allerhand Haushaltsachen. Ich weiß, nicht wie sie das alles organisiert hatte. Der Transport gestaltete sich schwierig, insbesondere bei dem mehrmaligen Umsteigen. Ich war fix und alle, als ich endlich in Goslar ankam. Der Schaffner half mir beim Ausladen. Gustav stand wieder bereit und von da an ging alles einfacher. So sollte es auch die nächsten Jahre bleiben.

Am 18. Juni 1946 haben wir geheiratet, ohne kirchliche Trauung. Mutter, Papchen und Maria machten sich auf den mühevollen Weg, beladen mit Essen, Geschenken und guten Wünschen. Gustav und ich machten sogar eine Hochzeitsreise. Mit dem Fahrrad fuhren wir nach Oker, dem kleinen Ort bei Goslar. Wir besuchten Familie Deike in der Brunnenstraße. Dort, wo ich als kleines Mädchen nach dem ersten großen Krieg liebevoll betreut wurde. Vermutlich haben Deikes mir damals sogar das Leben gerettet, denn die Zeiten im Ruhrgebiet waren durch Hunger, Krankheiten, Aufstände und bürgerkriegsähnliche Zustände schrecklich gewesen. Opa Deike lebte nicht mehr, aber alle anderen konnten sich an mich erinnern. Die erste Frage war: »Wo sind denn deine blonden Löckchen?« Es gab viel zu erzählen und Deikes freuten sich mit mir, dass ich nun auch eine Harzerin werden würde. »Und das Kaffee Winuwuk gibt es auch noch«, erzählten sie. Ja, ich wollte gerne eine Harzerin werden.

Das funktionierte aber nicht auf Anhieb. Auf hohen Absätzen, mit modischer Kappe auf dem Kopf, feinen Lederhandschuhen und schickem Mantel konnte ich schlecht die Berge rauf und runter klettern. Und schon gar nicht konnte ich mich durch die allabendliche Kuh- und Ziegenkarawane schlängeln, die von den Weiden in die Ställe strebte. Beim Einkaufen – soweit man mit den Lebensmittelkarten von *Einkaufen* reden konnte – wurde ich auch unverhohlen angestaunt. Wenn ich bis dahin geglaubt hatte, dass ich ein reines Hochdeutsch sprach, so wurde ich jetzt von jedem, aber wirklich jedem auf meinen Dialekt hingewiesen. – Was für ein Dialekt? Ich hatte keinen. Oder? Ich sagte *schellen* statt *klingeln*, wobei *klingeln* sich bei mir anhörte wie *kningln*.

Aber mein Gustav war stolz auf mich. Wir waren ein gut aussehendes Paar. Inzwischen hatte auch er Arbeit gefunden. Trotzdem hatten wir Mühe, den Lebensunterhalt zu bestreiten. So machten wir das, was alle hungrigen Menschen in jenen Tag taten: Wir sammelten in Wald und Flur Vorräte für den kommenden Winter. Dazu musste man Sammelscheine beantragen und früh aufstehen, damit man als Erster im Wald auf die Suche gehen konnte. Allerdings war der inzwischen Hoheitsgebiet der Engländer. Am Bahnhof wurden Stunde um Stunde die in den umliegenden Wäldern geschlagenen Bäume verladen und nach England abtransportiert. So blieb für uns nicht mehr viel übrig.

Inzwischen hatte ich auch schon eine neue Freundin gefunden. Sie hieß Maria – genannt Mariechen. Sie und ihr Mann Ludwig haben mich von Anfang an respektiert und freundlich aufgenommen. Gustav und Ludwig spielten gemeinsam im Fußballverein. Bis zu unserem Lebensende haben Mariechen und ich manches Erlebnis und viele fröhliche Feiern gemeistert. Sie konnte genau wie ich gut nähen und hatte auch den Blick dafür, wie man sich chic kleidete, obwohl es an allem mangelte.

Nur eins bedrückte mich immer wieder: Mein Gustav war nie ein großer Redner. Daran konnte ich mich ja gewöhnen, nur nicht an seine Eigenart, tagelang kein Wort mit mir zu wechseln. Von einer Minute auf die andere hörte er plötzlich auf zu reden. Tagelang. Erst fragte ich ihn ständig, was denn los sei, ob ich etwas getan oder gesagt hätte, was ihn kränkte. – Er gab keine Antwort. In meiner Verzweiflung besuchte ich seine Ziehmutter Rösel. Sie sagte: »Da musst' dich nicht wundern. Das ist die Justsche Art. Das hat er von seinem Vater, der war genauso.« Darunter konnte ich mir nichts vorstellen. Nach ein paar Tagen war er dann wieder wie sonst auch.

Mit meiner Mutter und Schwester schrieb ich regelmäßig und wusste daher, dass unser Papchen schwer erkrankt war. Er hatte Krebs und es gab nicht genügend Schmerzmittel. Die Briefe meiner Mutter waren herzzerreißend, wenn sie schrieb, das ihr Robert vor Schmerzen so geschrien hätte, das sie ihn schon im Eingang des Krankenhauses gehört habe. Sie versuche alles, um irgendwie Morphium aufzutreiben und auch Leo, der aus französischer Kriegsgefangenschaft zurückgekommen war, bemühe sich darum. Dann kam der Brief mit der Todesnachricht.

Am 24. Mai 1948 war das Papchen qualvoll eingeschlafen. Natürlich wollte ich meiner Mutter in dieser Zeit beistehen. Ich erklärte Gustav, dass ich für einige Zeit nach Geseke fahren würde. Gustav hatte die letzte Arbeit leider verloren und ich bot an, mich in meiner alten Heimat umzuhören, ob er dort Arbeit finden könnte. Da wurde mir bewußt, dass ich großes Heimweh hatte.

Meine Mutter war immer eine gut proportionierte Frau gewesen. Als ich sie jetzt sah, erschrak ich. Sie war dünn wie eine Bohnenstange und die Kleider hingen an ihr herunter. Wir beerdigten das Papchen, wie es sich für die katholischen Gegend gehörte. Ich half meiner Mutter bei den Erledigungen der Trauerfeier.

Als alles vorbei war und wir ein wenig zur Ruhe kamen, entschlossen wir uns, nach Dortmund zu fahren. Nicht zuletzt auch deswegen, weil Mutter eine Rente für den gefallenen Sohn beantragen wollte. Dazu musste die Sterbeurkunde beschafft werden. Ich fand das unerhört. Wo sollten wir für unseren im Krieg gefallenen Kalli eine Sterbeurkunde herkriegen? Die Mitteilung über den Tod von Kalli war gerichtet an Maria Busch. Da unsere Mutter und ich ausgebombt waren, hatte Kalli die Adresse von Maria angegeben. Aber zuerst mussten wir zusehen, dass wir einen Zug nach Dortmund bekamen. Das klappte jetzt schon etwas besser. Die Fahrkarten hatte ich schon einen Tag vor unserer Abreise besorgt und so fuhren wir beide sehr gespannt auf das, was uns erwarten würde, nach Dortmund.

Der Hauptbahnhof sah nicht mehr aus wie der Hauptbahnhof. Wir konnten nicht erkennen, welche Richtung wir einschlagen mussten, um zum Markt zu kommen. Ich suchte den Turm der *Reinoldi-Kirche* vergebens. Eine kleine Bude am Bahnhof bot Zeitungen an. Gerade wollte ich den einarmigen Mann hinter dem Tresen fragen, als mein Blick auf die Zeitung fiel. In großen Buchstaben stand dort *Ab 20. Juni 1948 gibt es das neue Geld. Die DM.* Heute war der 20. Juni. Ich wollte die Zeitung kaufen, doch der Verkäufer nahm meine Reichsmark nicht an. »Gehen 'se man zur Sparkasse dahinten. Da gibt es heute das neue Geld«, erfuhren wir. Ich fragte den Mann, wie wir am besten zur Weiherstraße kämen. »Weiherstraße? Die gibt es nicht mehr. Vielleicht haben 'se Glück, wenn 'se sich links halten. Hier ist nichts mehr, wie es früher war.«

Zuerst gingen wir zur Sparkasse. Menschen drängten sich vor der provisorisch hergerichteten Sparkasse. Ich stellte mich an, bis ich erfuhr, dass nur in Dortmund gemeldete Bürger das neue Geld erhielten. Mutter musste in Geseke und ich in Lautenthal das Geld in Empfang nehmen. So zogen wir mit einem Bündel von wertlosem Papier durch die Ruinenstadt. Wenigstens fanden wir auf dem Markt das Becken des Bläserbrunnens, etwas Heimat, die wir erkannten. Im Januar 1945 hatte die Stadt den letzten Rest bekommen. Mein Klos im Hals wurde immer dicker. Nachdem ich in den letzten drei Jahren verhältnismäßig heile Städte gesehen hatte, war dieser Anblick für mich entsetzlich.

Der Gang meiner Mutter wurde immer schleppender. »Margalein, ich muss mich irgendwo hinsetzen. Ich halte diesen Anblick nicht mehr aus.«

Wir gingen zum Bahnhof zurück.

»Mutter, setz' dich hier auf die Bank. Ich werde sehen, wo das Rathaus jetzt ist. Und dann fahren wir schnell wieder zurück.«

Die Straßenbahnen fuhren bereits. Das war ein Lichtblick am Ende des Tunnels. Ich irrte noch eine Weile durch die geräumten Straßen. Ruinen, freie Plätze, wo vorher unsere schönen alten Häuser standen, kein Baum, kein Strauch mehr zu sehen. Das Straßenschild *Westenhellweg* war neu, nur vom Weg war nicht viel zu erkennen. Ich weiß nicht, ob ich nur das Rathaus suchte. Es kam mir vor, als würde ich meine Vergangenheit – und *Töne* – suchen.

Auf einmal stand Tilla vor mir, meine Jugendfreundin. Welch eine Freude! Wir erkannten uns auf Anhieb und fielen uns um den Hals. Es gab soviel zu erzählen. Aber erst half Tilla mir bei der Suche nach dem Rathaus. Dort erfuhr ich, das Mutter den Antrag auf die Sterbeurkunde auch in Geseke hätte stellen können.

Tilla begleitete mich zum Bahnhof zurück. Mutter schloss Tilla ebenfalls freudig und herzlich in die Arme. Tilla lud uns ins Bahnhofskaffee ein. Sie hatte bereits das neue Geld. Wir kamen unweigerlich auf alte Zeiten zu sprechen und darauf, dass viele unserer Soldaten noch in Gefangenschaft seien. Sie habe aber von einer Nachbarin gehört, dass bei der im Haus kürzlich ein Mann aus der Gefangenschaft zurückgekommen sei. Plötzlich hätte der in der Wohnung bei seiner Frau gestanden.

Mir stockte der Atem. Das konnte nur *Töne* sein, war mein erster Gedanken. Ich blickte meine Mutter an und sah, was sie dachte: *Denk nicht mal dran. Du bist verheiratet.*

Tilla plauderte weiter drauf los: »Und stellt euch vor: Die Frau lebte seit einem Jahr schon mit einem anderen Mann zusammen. Und als nun der richtige Ehemann abgerissen und halb verhungert in der Wohnung stand, war auch der andere anwesend. Der Ehemann hat gesagt, dass sei seine Frau. Und die Frau ist sofort an die Seite ihres Ehemanns getreten. Der zurückgekehrte Gatte hat dem anderen dann vorgeworfen, den Kriegsveteranen, die in russischer Gefangenschaft knechteten, daheim die Frau auszuspannen, wäre ehrlos. Und Marga, weißt du, wer der andere Mann war?«

»Nein«, keuchte ich. »Wer war es denn?«

»Da kommst du nie drauf. Es war ein gewisser Hans Kühn. Sagt der dir was?«

Ich war wirklich perplex. An den hatte ich schon lange nicht mehr gedacht. Der war nur noch eine kurze, wenn auch schmerzhafte Episode in meinem Leben. »Das schadet dem gar nichts«, entfuhr es mir.

»Ach so, da fällt mir noch ein: Du warst doch mal mit einem Anton zusammen. Dem seine Frau ist beim letzten Bombenangriff ums Leben gekommen. Und er gilt als vermisst. Die hatten zwei Kinder, die jetzt bei seinen oder ihren Eltern leben«, erzählte Tilla beiläufig. Aber das wusste ich schon von Martha.

»Unser Zug fährt gleich ab, Margalein. Komm, verabschiede dich von Tilla. Vielleicht besuchen wir uns später noch mal. Tilla, grüße deine Eltern recht herzlich und lasst euch nicht unterkriegen.«

Mutter machte dem Spuk der Vergangenheit ein Ende. Ich war ihr dankbar.

In Geseke angekommen, wollte Mutter als Erstes zur Sparkasse, um das neue Geld einzutauschen. Ich warf einen Blick aus dem Fenster im Dachgeschoss und sah einen Mann auf der Straße stehen, der immer wieder zu dem Haus herüberblickte. Ich traute meinen Augen nicht: es war mein Vater. Wie kam der denn hierher?

»Mutter«, rief ich, »der Vater steht vor der Tür.«

»Margalein, mir ist nicht nach Späßen zumute«, gab sie zurück.

»Doch, doch es ist der Vater. Ich gehe mal runter und höre, was er will. Dann kann ich gleich für dich zur Sparkasse gehen und sehen, ob ich für dich Geld umtauschen kann«, war mein Vorschlag.

Als ich zur Tür herauskam, winkte er mir fröhlich zu.

»Vater, was ist los, willst du zu mir?«

»Nein, oder ja, auch, aber ich wollte auch zu deiner Mutter.«

»Und was willst du von ihr?«

»Na ja, sie ist ja jetzt ohne jeden männlichen Schutz. Maria hat es mir geschrieben. Ich könnte sie doch ein wenig unterstützen und wenn wir uns eine Wohnung teilten, wäre das Leben doch auch etwas einfacher. Frach' se doch mal, ob sie sich das vorstellen könnte.«

Ich war sprachlos. »Du meinst es ernst, oder? Ihr seid geschieden. Hier im superkatholischen Geseke weiß keiner, das Mutter schon mal verheiratet war. Aber ich werde sie fragen.«

Statt zur Sparkasse marschierte ich wieder die drei Etagen zu meiner Mutter zurück. Sie hatte aus dem Fenster zugeschaut, wie ich mit Vater redete. Nun war sie neugierig. Als ich ihr vom Ansinnen unseres Vaters erzählte, brach sie in Tränen aus. Der Tag war einfach zu viel für sie gewesen. Erst die Ruinen in Dortmund, dann die Sache mit dem neuen Geld und nun auch noch der geschiedene Ehemann und das alles kurz nach der Beerdigung des zweiten Ehemannes. Sie tat mir unendlich leid und ich hielt sie lange und fest im Arm.

Dann straffte sie die Schultern und sagte: »Das kommt nie und nimmer infrage, das ich euren Vater hier aufnehme. Ich habe jetzt ein für allemal genug von Männern. Erst will ich mein Leben neu sortieren. Ich werde arbeiten. Der Ladenbesitzer hier im Haus hat mich gefragt, ob ich seinen Haushalt führen will. Seine Frau ist schwer krank und kann nicht mehr alles machen. Und das mache ich jetzt. Sag' deinem Vater, er soll zurück nach Wiedenbrück fahren.«

Ich staunte nicht schlecht über die Entschlossenheit meiner Mutter. Als ich auf die Straße trat, um meinem Vater das Ergebnis mitzuteilen, war er verschwunden. Er hatte wohl geahnt, das sein Wunsch nicht in Erfüllung gehen würde.

Ein paar Tage später fuhr ich zurück nach Lautenthal. *Nach Hause* konnte ich dazu noch nicht sagen. Auf der langen Rückreise hing ich meinen Gedanken nach. Mein schönes Dortmund. Wie vermisste ich die heile Stadt. Nie würde die Stadt wieder so aussehen wie in meinen Erinnerungen – und doch … wenn ich die Möglichkeit gehabt hätte: Ich wäre mit fliegenden Fahnen in die Ruinen zurück gekehrt. Ich wollte Gustav gleich fragen, was er von dieser Idee hielt, vorausgesetzt, die Zuzugsbeschränkung würde aufgehoben. Die Chance auf Arbeit in seinem Beruf als Tischler hätte er in Dortmund ganz sicher.

Gustav kam mir zuvor. Als ich müde in unserem winzigen Zimmer meine Schuhe und Strümpfe abstreifte, rückte er mit der Sprache heraus: Er hatte die Zusage, für ein Jahr in einer Kohlezeche in Recklinghausen zu arbeiten. Als ich nicht gleich in Jubel ausbrach, fragte er unwirsch, was an der Zusage falsch sei.

»Ich wollte nie einen Mann haben, der in den *Pütt* einfährt«, gab ich ehrlich zu.

Es kam noch ein weitere Dämpfer hinzu. Gustav durfte keine Familienangehörigen mitbringen, weil es nur für ihn im Männerwohnheim Platz gäbe. »Marga, das Geld reicht nicht aus. Ich musste etwas unternehmen. Es wäre ja zunächst nur für ein Jahr. Dann könnte ich vielleicht hier wieder was finden. Sie haben mir gesagt, wenn ich ein Jahr dort bliebe, hätte ich Aussicht auf eine Stelle hier im Berg. Ich dachte, du freust dich und stehst zu mir. Vielleicht können wir ja später ins Ruhrgebiet übersiedeln. Dann wärst du wieder in deiner Heimat. Wir schreiben uns jeden Tag und Weihnachten bekomme ich bestimmt Urlaub.«

Ich sah, dass er sich ehrlich über diese Chance freute und ließ ihn in den Pütt ziehen.

Damit ich nicht so allein sei, brachte er mir ein lebendes Geschenk. Als ich den zappelnden Sack öffnete, kam eine kleine Schweineschnauze zum Vorschein, die sofort meinen Finger schnappte und heftig daran saugte. Erschrocken ließ ich den Sack fallen und das Ferkel machte sich selbständig.

Gustav lachte: »Es hat mich viel Überzeugungsarbeit gekostet, in der Schäferei in Seesen dieses Ferkel auszulösen. Du fütterst es bis Weihnachten und wenn ich komme, dann schlachten wir es«, war seine Vorstellung.

»Ich bin eine Städterin. Nie haben wir irgendwelche Tiere gehabt. Ich weiß gar nicht, wie man mit einem Schweinchen umgeht. Mir hätte auch ein Hund gereicht«, rief ich.

»Und mir hätte ein Kind gereicht«, antwortete Gustav.

Da war es, das bisher Unausgesprochene. Er wünschte sich ein Kind.

»Na ja«, sagte ich, »mir auch. Aber wenn du jetzt ein Jahr fort bist, wird es wohl so bald nichts damit.«

Er überging meine Antwort und sagte: »Komm, ich zeige dir, wo das Ferkel untergebracht ist. Wir füttern es die nächsten Tage gemeinsam. Du wirst es schnell lernen und dich freuen, wenn wir Weihnachten richtig schlemmen können.«

Und dann machte Gustav sich auf nach Recklinghausen – in den Pütt.

Mariechen und meine Hauswirtin, Frau Dienelt, gaben sich alle Mühe, mich bei der Fütterung des Schweines zu unterstützen. Sie lachten sich kaputt, als sie sahen, dass ich die teuren Kartoffeln schälte, um sie dann zu kochen.

Trotz aller Anstrengungen lag das Schweinchen eines Tages tot im Stall. Ich war untröstlich, hatte ich mich doch inzwischen mit dem Borstenvieh angefreundet – es erwartete mich immer schon an der Stalltür. »Das hat Rotlauf«, war die Diagnose der Hauswirtin. »Sie dürfen den Stall nicht mehr benutzen. Er muss komplett ausgemistet und gereinigt werden. Die nächsten Wochen darf kein neues Tier hier rein. Und Sie müssen auch zum Doktor. Der kann feststellen, ob sie sich infiziert haben.« Ach, du liebe Zeit, auch das noch und wie sollte ich das Gustav erklären?

Weihnachten kam und damit auch Gustav. Das mit dem Schwein hatte ich im geschrieben und er verlor kein Wort darüber. Er brachte ein Kaninchen und noch andere Lebensmittel mit. Dann sagte er: »Ich habe ein Weihnachtsgeschenk für dich – na ja, und auch für mich. Komm, ich zeige es dir.«

Vor dem Haus stand ein Motorrad.

»Gustav, wo hast du dafür das Geld her?«, war meine erste Frage, statt mich zu freuen. Jetzt im Winter ein Motorrad zu kaufen war mir unverständlich.

Er gestand, das er einen Kredit dafür aufgenommen hatte. Ich müsste jetzt mit etwas weniger Wirtschaftsgeld auskommen. »Übrigens«, eröffnete er mir, »ich fahre nicht wieder nach Recklinghausen. Das ist nichts für mich. Ich werde nach Weihnachten zusehen, dass ich in Goslar in den Berg einfahren kann und dann wird das Motorrad gute Dienste leisten.«

Ich fragte nicht, wie er den Unterhalt für die Maschine bezahlen wollte. Tatsächlich konnte er bald im *Rammelsberg Bergwerk* in Goslar anfangen.

Unsere erste kleine Wohnung
Das gab's nicht in Dortmund:
Kühe auf dem Heimweg.

Glückliche Zeiten in Lautenthal

Noch nicht die richtigen Schuhe an

Und dann, im Frühling, überredete Gustav mich zu einer Spritztour duch den Harz. Ich war erst zögerlich, doch dann gefielen mir die Berg- und Talfahrten über holperige Straßen und Wege. Es war ein wunderschöner Frühling und Sommer.

Als es Spätsommer wurde, war mir ständig übel und ich musste mich übergeben. Wenn ich das Essen nur ansah, kam es mir wieder hoch. Ja, ich sollte ein Kind bekommen. Die freudige Nachricht teilte ich meiner Mutter mit – noch bevor ich es Gustav sagte. Sie schrieb zurück: *Das muss nun auch noch sein?* Gustav jubelte, als ich ihm von dem Arztbesuch berichtet. »Das ist bestimmt auf unserer Spritztour passiert.«

Es gelang Gustav eine größere Wohnung im sogenannten *Beamtenhaus* der Bergwerksgesellschaft zu bekommen. Ich war in meinem Element und richtete uns ein gemütliches Zuhause ein. Für das Kind zimmerte Gustav ein Bettchen, das ich mit aller Liebe ausstattete.

Ich fragte Gustav, in welchem Krankenhaus ich das Kind zur Welt bringen sollte.

Er guckte mich perplex an. »Welches Krankenhaus? Wir haben hier kein Krankenhaus, das weißt du doch. Die Kinder kommen zu Hause zur Welt. Die Hebamme Frau Allecke kennt sich bestens aus.«

Ich erschrak. Damit hatte ich nicht gerechnet. Ich schrieb meiner Mutter. Sie tröstete mich, das wäre nicht weiter tragisch. Aber sie machte sich sofort auf den Weg zu mir. Das zeigte mir, dass sie sich doch Sorgen um mich machte.

Hannelore, die jugendliche Tochter meiner Freundin Mariechen, hatte mich häufiger besucht. Wir vertrieben uns die Zeit mit Nägel lackieren und anderen schicken Sachen. Das gefiel mir und ich wünschte mir nichts sehnlicher als ein kleines Mädchen, dass ich dann auch so verwöhnen könnte.

Was dann aber am 26. März 1952 über mich hereinbrach, zwang mich derart in die Knie, dass ich glaubte, sterben zu müssen. Ich betete: »Lieber Gott, lass es vorbeigehen, lass mich noch achtzehn Jahre leben, damit das Kind nicht wie sein Vater allein bei fremden Menschen aufwachsen muss.«

Die Hebamme kam mehrmals am Tag vorbei, aber nach zwei Tagen sah sie sich gezwungen, den Doktor dazu zu holen. Zur gleichen Zeit wollten aber noch zwei andere Mütter ihre Kinder zur Welt bringen.

Ich bekam davon nicht viel mit. Die Schmerzen betäubten mich. Ich sah den Doktor und wusste, irgendwas lief nicht richtig. Ich hörte die Stimme meiner Mutter, die immer wieder sagte: »Das auch noch, das auch noch.« Dann aber hörte ich ein Mauzen und der Doktor sagte: »Na also, geht doch, wenn auch mit der Zange. So, herzlichen Glückwunsch, Gustav. Hast einen strammen Sohn bekommen.« Ich wollte rufen: *Zeigt ihn mir!*, aber es kam kein Ton über meine zerbissenen Lippen.

Als ich einigermaßen bei Sinnen war, gab Gustav mir das Kind. *Mein Junge.*

»Wie soll er denn heißen?«, fragte die Hebamme.

»Roswitha«, krächzte ich.

Alle lachten. Ich war doch noch auf eine Tochter eingestellt. Als ich endlich wieder atmen konnte, nahm ich Gustav und das Baby auf meinem Bett wahr. Gustav kullerten die Tränen in seinem grau-grünen Gesicht herunter: »Das machen wir nicht noch mal« stöhnte er mir ins Ohr. Ich schüttelte den Kopf. Dann sah ich das kleine Bündel an – und es war um mich geschehen.

Von der Stunde an hatte ich mein Leben lang nur noch einen Gedanken: *Mein Junge.* Auf ihn projizierte ich all meine Gefühle, die Freude, die Angst, die Neugier, die Liebe. Es gab keinen anderen Gedanken daneben – außer vielleicht den an meine Mutter. Die stand ganz ergriffen im Hintergrund und knetete ein Taschentuch durch.

»Wie wollen wir den kleinen Mann nennen?«, fragte Gustav.

Ich machte den Mund auf und sagte »A…«, als meine Mutter meinen Blick auffing und die Augenbrauen hochzog. »Alexander«, sagte ich.

Sie nickte. Gustav auch.

Die kommenden Jahre waren herrlich. Ich ging in meiner Mutterrolle perfekt auf. Meine Mutter war jetzt häufiger bei mir in Lautenthal. Fortan rief und nannte ich sie immer *Omma*. Ich gebe ja zu: Gustav kam vielleicht ein wenig zu kurz. Aber es war doch wichtig, das er für die Tag- und Nachtschichten seine Ruhe bekam. Da war das kleine Zimmer unter dem Dach gerade richtig für ihn. Er bekam auch immer schöne Geschenke zu Weihnachten und zum Geburtstag: Schlafanzüge, Hausschuhe, Krawatten. Was ein Mann eben so im Jahr braucht. Er hatte keinen Grund zur Klage.

Und doch, irgendwann – ich weiß nicht mehr genau wann – entglitt er mir. Alles fing aus meiner Sicht mit den Autos an, die er sich zulegte. Dafür brauchte er natürlich viel Geld und das war an allen Ecken knapp. Um die Schulden zu bezahlen, entschloss ich mich, zur Herbstsaison wieder als Pelznäherin tätig zu werden. Ich nahm meinen Jungen und wir beide blieben viele Wochen in Geseke bei meiner Mutter, damit ich im *Pelzhaus Conrad* in Lippstadt arbeiten konnte. Dort verdiente ich gutes Geld und konnte ein richtiges Jugendzimmer für meinen Jungen kaufen. Ich musste nicht warten, bis Gustav das Geld zusammen hatte.

Ich war so stolz auf meinen Jungen. Einmal wollte ich ihn in Dortmund vorführen. Meine Freundin Martha hatte inzwischen geheiratet und eine von den neuen Wohnungen in Dortmund erhaschen können. Wie immer hatte ich meinen Jungen fein herausgeputzt – Lackschuhe zum Anzug und zur Schlägermütze. So konnte man in Dortmund als *fein* gelten. Mein Junge ließ sich widerwillig durch Dortmund ziehen. Meine Heimatstadt erkannte ich immer noch nicht wieder. Die Trümmer waren größtenteils fortgeräumt.

Überall wuchsen neue Bauten aus der Asche. Nur meine *Reinoldi-Kirche*, die erkannte ich, obwohl sie noch nicht fertig aufgebaut war. An ihr konnte ich mich orientieren.

Der Besuch bei Martha verlief nicht so, wie ich es mir vorgestellt hatte. Mein Junge war muffig und miesepetrig. Vielleicht brütete er eine Krankheit aus? Er war ein paar Tage im katholischen Kindergarten in Geseke gewesen. Doch dieses Abenteuer musste abgebrochen werden, mein Junge weigerte sich strikt und massiv, dort wieder hinzugehen.

Auf der Rückreise von Dortmund nach Geseke fragte ich ihn schließlich: »Was ist denn los? Was hast du denn. Tut dir was weh?«

Und auf einmal brach es aus ihm heraus: »Ich will keinen Anzug anziehen. Ich will eine Lederhose haben, wie alle anderen Kinder.«

Oh, was war ich froh, das es nichts Ernstes war. »Selbstverständlich mein Junge. Du bekommst die schönste Lederhose, die es zu kaufen gibt.«

»Nein, ich will so eine wie die anderen Kinder«, rief er rebellisch.

So vergingen einige Jahre. Inzwischen hatten wir eine größere Wohnung in der Neuen Straße in Lautenthal bezogen. Die Ehe mit Gustav wurde nicht rosiger. Eines Tages kam für ihn ein Brief einer Anwaltskanzlei. Ich nahm mir das Recht, den Brief zu öffnen und zu lesen. Wir waren schließlich verheiratet. Was ich las, konnte ich nicht glauben: Es war eine Mahnung für eine nicht bezahlte Rechnung. Die Rechnung kam von einem Heiratsinstitut. Mein Gustav hatte dort eine Anzeige aufgegeben. Ich war wie vor dem Kopf geschlagen. Was sollte das? Ich stellte ihn zur Rede. Er stritt es nicht ab. Es wäre nur ein *Versuchsballon* gewesen, um zu testen, wie ich darauf reagieren würde. Na sowas. Ich glaubte ihm kein Wort. Überhaupt gingen uns im Laufe der Zeit die Worte und Gespräche aus – wobei die *Gespräche* immer Streitereien waren. Die Eskapaden, die Gustav sich leistete, nahmen kein Ende. Ich spielte mit dem Gedanken, ihn zu verlassen.

Mein Vater, der immer noch in Wiedenbrück wohnte, freute sich über meine Briefe und Fotos, die ich ihm von seinem einzigen Enkel schickte. Dann wurde er schwer krank. Ich bereitete alles vor, damit ich ihn zu mir nach Lautenthal holen und hier pflegen konnte, doch er kam mir zuvor und starb. Ich nahm meinen Jungen und wir fuhren gemeinsam mit *Omma* nach Wiedenbrück zur Beerdigung. In schwarzer Trauerkutsche mit schwarzen Pferden davor, fuhr der Sarg zum Friedhof. Zuvor hatten wir in der Halle Abschied von meinem Vater genommen. In der Halle waren mehrere andere Verstorbene in offenen Särgen aufgebahrt. Mein Junge klammerte sich heftig an meinem Mantel. Daran hatte ich nicht gedacht: dass der Anblick einen kleinen Jungen schockt.

Vater hatte den Anfang gemacht und einige Jahre später folgte ihm meine Schwester Maria. Damit hatte keiner gerechnet. Unsere Mutter nahm sich nun viel Zeit für die schwerkranke Tochter, die nie so richtig ihr Herz erobern konnte. Und Leo, der Mann von Maria, war auch nicht gerade der feinfühligste Ehemann. »Wird das denn gar nicht mit dir besser? Wie lange soll das denn noch gehen?«, ranzte er Maria im Beisein unserer Mutter an. Maria hatte ihr Leben lang in einer Möbelfabrik schwer gearbeitet. Dort hatte sie tagaus tagein schwere Spanholzplatten von einem Förderband anzunehmen und abzustellen. Deswegen war es mir auch ein Bedürfnis, Maria und Leo jedes Jahr im Sommer mehrere Wochen zu verwöhnen und zu bewirten.

Dann war es soweit und ich machte mich auf den schweren Weg nach Herford, um meiner Schwester das letzte Geleit zu geben und unserer Mutter beizustehen. Sie hatte jetzt ihr zweites Kind verloren. Ich war nun selber Mutter und wollte mir nicht vorstellen, wie schrecklich der Tod des eigenen Kindes ist. Vor meiner Abreise hatte mein Junge aber eine Überraschung für mich: Er brachte erstmals eine Freundin mit. Ich war platt. Wann war das denn geschehen? Der war doch viel zu jung dafür. Und nun stand ein hochgeschossenes junges Mädchen mit langen dunklen Haaren in meiner Küche und schmierte Butterbrote. Nach meiner Rückkehr würde ich der Sache sofort auf den Grund gehen.

Bei meiner Rückkehr hatte ich aber erst mal andere Probleme. Der neue Hauswirt hatte den Mietvertrag gekündigt. Und da nur Gustav den Vertrag abgeschlossen hatte, galt die Kündigung auch für mich und meinen Jungen. Gottseidank war der erst mal beim Militär beziehungsweise hieß das ja nun *Bundeswehr*. Gustav zog aus, er fragte nicht, ob ich mit ihm umziehen wollte. Er hatte nur für sich eine neue Wohnung angemietet. Ich entschied mich, den Hauswirt um einen eigenen Mietvertrag zu bitten. Und so blieb ich in einer fast leeren Wohnung allein zurück. Ich ergriff die Chance und reichte die Scheidung ein. Zum zweiten Mal wollte ich geschieden werden. Ich war aber nicht verzweifelt, im Gegenteil, ich war wie befreit – nein, ich *war* befreit. *Nie wieder kommt ein Mann in mein Leben*, war mein Gedanke.

Ich musste zusehen, wie ich Geld verdienen konnte. Mit sechzig Jahren wird man nicht gerade überall mit offenen Armen empfangen, aber in einem der Hotels im Ort konnte ich als Zimmerfrau anfangen.

»Wissen Sie, wo hier ein schönes Plätzchen zum Kaffeetrinken gibt?« Der Gast, dessen Zimmer ich gerade fertig geputzt hatte, stand lässig, groß und schlank vor mir und war großstädtisch gekleidet.

Ich zog die Gummihandschuhe aus und sagte: »Nun, unten auf der Chaussee ist die Bushaltestelle. Dort hält täglich ein Bus und fährt zur Innerstetalsperre. Am dortigen Hotel *Berghof* hat man einen wunderschönen Blick über das Wasser. Und der Bus ist gar nicht so teuer.«

»Machen sie mir die Freude und begleiten mich heute dort hin«, kam es als Antwort zurück.

Ich zuckte zusammen, aber nur ein klein wenig. Der Gast war mir auf den ersten Blick sympathisch und ich zögerte nur anstandshalber: »Heute leider nicht, aber morgen. Morgen hätte ich Zeit.«

»Verzeihen Sie, ich habe mich nicht vorstellt. Mein Name ist Alfred Petereit. Ich wohne in Berlin und wollte ein paar Tage im Harz ausspannen«, stellte er sich vor.

Ich war überrascht, dass Alfred mich mit seinem *Ford Capri* in Sportausführung von zu Hause abholte. Doch nicht mit dem Bus ins Grüne. Alfred war Ur-Berliner, der aber nicht berlinerte, sondern perfektes Hochdeutsch sprach. Er war ein pensionierter Gerichtsvollzieher, dessen Frau seit ein paar Jahren tot war. Dass er 15 Jahre älter war als ich, sah man ihm nicht an.

Es kam, wie es kommen musste: Wir taten uns zusammen und pendelten zwischen Berlin und Lautenthal hin und her. Wir fuhren nach Geseke, um Mutter zu besuchen. Alfred verwöhnte uns nach Strich und Faden.

Mein Junge wollte unbedingt seine hochaufgeschossene, dunkelhaarige Freundin heiraten.

»Überleg' dir das gut. Das soll ja wohl ein bisschen länger halten, nicht wahr? Du bist noch so jung und wirst noch andere Mädels kennenlernen.«

Aber er ließ sich nicht davon abbringen. Das war ein glückliches Jahr für meinen Jungen und seine Ehefrau.

Für mich war es das Jahr der Trennungen, denn mein Alfred verließ mich auch. Er saß eines Nachts in meiner Küche am Tisch und bekam keine Luft. Ich war wie von Sinnen und verfluchte, dass ich seinen Wunsch, ein Telefon anzuschaffen, abgelehnt hatte. Jetzt lief ich gehetzt den Berg hoch, um den Doktor herauszuklingeln. Der kam auch sofort mit und alarmierte vorher den Rettungsdienst. Alfred lebte noch, als ich mit dem Doktor hereinstürmte. Der Rettungswagen brachte Alfred ins Krankenhaus nach

Clausthal-Zellerfeld, aber die Ankunft hat er nicht mehr erlebt. Ich beerdigte ihn hier in Lautenthal auf dem unteren Friedhof. Von meinem Küchenfenster aus konnte ich das Grab immer sehen. Für die Formalitäten musste ich nach Berlin reisen. Meine Freundin, Mariechen, war bereit, mich zu begleiten. Wir hatten ja noch die innerdeutsche schwer bewachte Grenze und ich fürchtete mich allein. Mariechen zögerte keine Sekunde, mich zu begleiten.

Die zwei Jahre mit Alfred waren die glücklichsten in meinem Leben, abgesehen von den Jahren mit meinem Jungen, als er noch klein und gängelbar war. In der kommenden Zeit war meine Mutter wieder meine Stütze, meine Zuflucht.

Und dann starb Gustav. Wir waren bereits geschieden, sodass sich nun mein Junge um alles kümmern musste. Gustav hatte Vorsorge getroffen. Einer seiner Kumpel hatte ihm eingeredet, er solle nach seinem Tod seinen Körper der *Medizinischen Hochschule Hannover* vermachen. Wenn man eine Erklärung unterschreiben würde, bekäme man zu Lebzeiten Geld dafür. Doch als mein Gustav sich dazu entschloss, war der Geldhahn zugedreht. Es gab also keine Bestattung, sondern eine Aussegnung in der Kapelle der MHH. Ich war zu neugierig und wollte auch meinem Jungen bestehen. Ich konnte mich nicht zurückhalten und fragte den Pastor, was nun mit der Leiche geschehe. Mir sträubten sich die Nackenhaare, als der Pastor ausführte, dass zunächst die Körperflüssigkeit abgesaugt werde und der Rest ungefähr zwei Jahre in einer chemischen Lauge schwimme und den Studenten für anatomische Studien diene. Das sah meinem Gustav ähnlich. Die letzte Eskapade hatte er wieder nicht zu Ende gedacht.

Nach zwei Jahren konnten wir seine Asche in einer Urne auf einem extra ausgewiesenen Friedhofsteil in Hannover beisetzen. Ich nahm das Tuch von der Urne und notierte mir, was auf dem Urnendeckel eingeprägt war.

Mutter wohnte nach wie vor in ihrer Ausbombwohnung in Geseke. Eines Tages wurde das stattliche Geschäftshaus vom damaligen Besitzer an den Apotheker des Ortes verkauft. Der hatte nichts Eiligeres zu tun, als meiner 85-jährigen Mutter die Wohnung zu kündigen. Nach fast 40 Jahren! Ich fand das unerhört. Doch mein Junge wusste Rat. In dem Haus, in dem er mit seiner jungen Frau eine hübscher Altbauwohnung hatte, war im Parterre eine kleine Wohnung frei. Der Umzug war schnell gemacht und Mutter fühlte sich in der Obhut unseres Jungen und seiner Frau gut aufgehoben. Der Zufall wollte es, dass genau in dieser Straße eine weitere Wohnung frei war. Das wurde dann meine. Ich war selig. Jetzt war es fast wie damals in Dortmund. Wir waren alle wieder zusammen vereint.

Ein wenig eifersüchtig wurde ich schon manchmal. Da Mutter im gleichen Haus wohnte, wie mein Junge und seine Frau, war es selbstverständlich geworden, dass ein reger Besuch zwischen den beiden stattfand. So manches Mal erwartete Mutter nicht mich, sondern die Enkelschwiegertochter: »Ach, du bist es« kam es dann enttäuscht, wenn ich sie besuchen wollte.

Es folgten noch fünf glückliche Jahre, in denen Mutter und ich sehnsüchtig auf Nachwuchs bei unserem Jungen warteten. Doch dieser Wunsch erfüllte sich nicht.

Der Tag, an dem ich von meiner Mutter Abschied nehmen musste, war grauenhaft. 70 Jahre hatte ich eine Mutter. Es wollte nicht in meinen Verstand, von einem Tag auf dem anderen keine Mutter mehr zu haben. Mein trockenes Schluchzen nahm kein Ende. Trotzdem musste ich mich aufraffen, die Beisetzung zu organisieren. Zum Glück waren meine Kinder an meiner Seite, als wir den Bestatter aufsuchten. In all meiner Traurigkeit gelang es mir, das Beste für meine geliebte Mutter zusammenzustellen. Ich ließ den Bestatter verschiedene Särge öffnen, um zu sehen, wie der Leichnam dort liegen würde. Ich ließ mir bestätigen, dass der Sarg komplett aus Eichenholz war und nicht nur der Deckel. Ich wollte nicht, dass meine Mutter allzu schnell durch den Sargboden durchweichte. Mit meinen Stockschirm prüfte ich alle Sargböden, indem ich darin rumstocherte. Hätte meine Schwiegertochter nicht so irritierte geguckt, hätte ich den Bestatter um ein Probeliegen gebeten. Nachdem wir alles anderen auch ausgesucht und geregelt hatten, fragte mich meine Schwiegertochter auf dem Heimweg, wieso ich beim Bestatter so geschäftstüchtig sein konnte, wo ich doch voll traurigem Schmerz sei. Ich antwortete: »Für meine Mutter soll alles perfekt sein und für mein gutes Geld kann ich auch bei einer Beerdigung gute Leistung einfordern.«

Die nächsten Jahre wurden einsam für mich. Meine Kinder waren bemüht um mich und wir haben jeden Sonntag zusammen Mittag gegessen und Kaffee getrunken. Aber sonst waren sie in ihrer Arbeit eingespannt und ich war allein. Zum Glück hab es in meiner Straße eine angenehme Nachbarschaft und ich freundete mich mit einigen ebenfalls alleinstehenden Frauen an. In den einsamen Stunden machte ich mich daran, Ordnung in meine Vergangenheit zu bringen. Das heißt, ich sortierte Vorkriegsbilder und klebte sie in Fotoalben ein.

Und dann, eines Tages – ich war gerade 84 Jahre alt geworden –, tauchten diese fremden Menschen in meiner Wohnung auf. Zuerst saß nur eine Frau mit Kopftuch aber ohne Beine in meinem Wohnzimmersessel. Als abends mein Junge kam, flüsterte ich ihm zu, er solle die Frau rausjagen. Er ging irritiert ins Wohnzimmer und sagte, dort sei niemand zu sehen. »Dann ist die bestimmt gerade abgehauen« vermutete ich.

Es kam aber noch schlimmer: Eines Morgens lag eine ganze Familie mit einem farbigen Kind in meinem Bett. Erschrocken rief ich meinen Jungen an, er solle sofort kommen. Aber natürlich war die Bande wieder weg, als er endlich eintraf. Die fremden Menschen brachten alles in Unordnung. Ich war den ganzen Tag am Aufräumen, Suchen und Putzen. Darüber kam ich nicht zum Essen und musste meine Vorräte verstecken. Ganz verzweifelt forderte ich meinen Hauswirt auf, dafür zu sorgen, dass die fremden Leute aus meiner Wohnung verschwänden, sonst würde ich die Mietzahlung einstellen oder die Polizei einschalten.

Mit unendlicher Geduld überzeugte meine Schwiegertochter mich, dass wir gemeinsam einen Arzt aufsuchten, denn nur ich sah diese Menschen in meiner Wohnung und auch in der Wohnung meiner Kinder. Kein anderer konnte sie sehen.

Der Arzt meinte, mit Medikamente würde das Phänomen verschwinden, allerdings wäre dazu ein Krankenhausaufenthalt notwendig. Das fand ich nicht so schlimm. So konnte ich wenigstens Heizung und Strom zu Hause sparen. Aber als meine Kinder mich ins Krankenhaus fuhren, bekam ich mit, dass ich in eine *Verrücktenanstalt* eingeliefert werden sollte. Ich fing im Auto an zu toben. Wieder war es meine Schwiegertochter, die mich in den Arm nahm und geduldig beruhigte.

Die Ärztin im *Krankenhaus* stellte allerhand Fragen, die ich alle richtig beantwortete, nur als die Frage nach meinem Mann aufkam, wusste ich nicht, was ich sagen sollte. Ich blickte meine Schwiegertochter an. Sie nickte kaum merklich und ich sagte: »Der ist schon lange tot.« Woran der denn gestorben sei, wollte die Ärztin wissen. Ich antwortete: »Er ist einfach so gestorben. Das ist lange her.« Die Ärztin musste nicht wissen, dass Gustav und ich bereits geschieden waren, als er starb. Ich denke, sie war zufrieden mit meinen Antworten.

Ich hatte meine Handarbeitssachen mitgenommen und wollte in Ruhe die Tischdecke aussticken. Aber in dem Zimmer, in dem ich untergebracht war, gab es noch eine Patientin. Mit Geschick und Nörgelei schaffte ich es, dass diese Dame am nächsten Tag woanders unterkam und ich konnte ungestört meiner Arbeit nachgehen. Dazu spannte ich alle Schwestern ein, mir bei der Auswahl des Stickgarns zu helfen. Das klappte ganz gut.

Der Doktor, der mich behandelte, war ein älterer gemütlicher Mensch, der dem Dialekt nach aus Polen oder der Tschechoslowakei kam. Jedenfalls verkündete er meinen Kindern als Erfolg meiner Behandlung, dass die Menschen, die nur ich sehen konnte, sehr viel kleiner geworden seien und nur noch durch die Fußbodenleisten kamen und zum Glück nie mit mir sprachen, was ja auch zutraf. So konnte ich nach einigen Wochen entlassen werden, saß nun jedoch im Rollstuhl, weil die Tabletten meine Beine schwer werden ließen.

Ich wollte nicht in den *Abendfrieden*. Ganz bestimmt nicht. Ich versuchte alles, um in meine Wohnung zurückzukehren. Meine Schwiegertochter wollte mich in ihrem Haus pflegen, doch ich überwand die steilen Treppen nicht, sodass ich mich geschlagen gab und in den *Abendfrieden* zog.

Irgendwie erinnerte mich das Altersheim an meine Militärzeit als Fernschreiberin. Das Zusammensein auf engem Raum fiel mir nicht sehr schwer und bald konnte ich auch wieder mit Unterstützung laufen. Nur meine Mitbewohnerinnen war nicht sehr gesprächig. Eine war eines Tages sogar im Aufenthaltsraum von ihrem Ohrensessel gekippt. Sie gab keinen Ton von sich. Ich war diejenige, die nach geraumer Zeit endlich das Personal verständigte. Die Mitbewohnerin wurde vom Bestatter abgeholt. Ab da bemühte ich mich, an den angebotenen Aktivitäten teilzunehmen. Beim Gedächtnistraining war ich dabei. Es machte mir große Freude, in Gedanken durch mein schönes altes Dortmund zu streifen. Von der Weiherstraße in den Westenhellweg, bis zum Ostenhellweg Nr. 13 vor Messllings Schaufenster stehen zu bleiben, oder in die Franziskanerstraße zu schlendern. Ich konnte alle Kirchen aufzählen, natürlich meine Reinoldikirche mit dem großen Taufbecken, kannte noch alle Tanzlokale, in denen ich in meiner Jugend das Tanzbein geschwungen hatte. Nur *Töne*, den konnte ich nicht mehr in Gedanken sehen. Schade, dass ich nicht öfter drankam.

Ich war gar nicht lange im *Abendfrieden*, da wurde ich krank. Eine schwere Erkältung plagte mich und ich musste ins Krankenhaus. Ein paar Tage später lag ich wie benebelt in meinem Bett im *Abendfrieden*, als meine Schwiegertochter tränennass an meinem Bett saß. Ihre Mutter war gestorben, dabei war die elf Jahre jünger als ich und noch gar nicht dran. Schon gar nicht an einem 18. eines Monats. Das war mein Schicksalstag. An einem 18. hatte ich den Kühn geheiratet und an einem 18. auch Gustav. An einem 18. starb mein Alfred. Also: Der 18. war mein Tag.

»Ach, mein armes Mädchen. Jetzt hast du keine Mutter mehr«, flüsterte ich. Ich hätte ja noch gern ein wenig ausgehalten, um meinen Kindern nicht noch mehr Kummer zu bereiten.

An jenem Tag, dem 24. März 1999 verließen Marga die Kräfte, genau zu der Uhrzeit, als ihre *Mitmutter*, so nennt man die Schwiegermutter des Ehemannes oder der Ehefrau, in die feuchte Erde gelassen wurde.

Die Glocke der *Reinoldi-Kirche* .

Marga an Töne 1944

Nur wer des Lebens Tiefen kennt
und wen das Leid hart angerührt
ob Liebe er, ob Hass verspürt
Wer immer kämpfend vorwärts geht
und nie an Nichtiges sich verprasst
wer alles Menschliche versteht
der hat das Leben recht erfasst
Genieße, was dir Gott beschieden
entbehre gern was du nicht hast
Ein jeder Stand hat seinen Frieden
ein jeder Stand hat seine Last

Deine Marga

Danke

Mein Dank geht postum an Marga und Alma, die mir ihr Leben offen und ungeschönt erzählt und viele geschichtsträchtige Bilder und Dokumente hinterlassen haben. Alles ordentlich verstaut in einer großen Kühlbox. Ich hatte die Ehre und vor allem das Vergnügen, beide Frauen im letzten Drittel ihres Lebens zu begleiten. Uns verband ein inniges Verhältnis.

Dank geht auch an meinem Mann Alexander. Margas *mein Junge* hat einige Episoden zu diesem Buch beigetragen.

Dank auch unseren Freunden Volker, Ans und Horst, Helga und Roland, die uns das heutigen Dortmund näher brachten.

Und natürlich meinem Lektor Erik Kinting. Ihm ist es in wundersamer Weise gelungen, die Biografie meiner Schwiegermutter lesbar zu machen und dem Dativ und Genetiv auf die Sprünge zu helfen.